有果求职黄皮书系列

13天带你拿"四大"offer

——普华永道、德勤、毕马威、安永
四大会计师事务所求职经验实录

有果求职 ◎ 编著

中国人民大学出版社
· 北京 ·

图书在版编目（CIP）数据

13天带你拿"四大"offer：普华永道、德勤、毕马威、安永四大会计师事务所求职经验实录 / 有果求职编著． -- 北京：中国人民大学出版社，2021.7
 ISBN 978-7-300-29438-4

Ⅰ.①1… Ⅱ.①有… Ⅲ.①大学生－职业选择②会计师事务所－简介　Ⅳ.①D233.2②G647.38

中国版本图书馆CIP数据核字（2021）第105703号

13天带你拿"四大"offer——普华永道、德勤、毕马威、安永四大会计师事务所求职经验实录
有果求职　编著
13 Tian Daini Na "Sida" offer——Puhuayongdao、Deqin、Bimawei、Anyong Sida Kuaijishi Shiwusuo Qiuzhi Jingyan Shilu

出版发行	中国人民大学出版社			
社　　址	北京中关村大街31号		邮政编码	100080
电　　话	010-62511242（总编室）		010-62511770（质管部）	
	010-82501766（邮购部）		010-62514148（门市部）	
	010-62515195（发行公司）		010-62515275（盗版举报）	
网　　址	http://www.crup.com.cn			
经　　销	新华书店			
印　　刷	北京七色印务有限公司			
规　　格	170 mm×230 mm　16开本		版　次	2021年7月第1版
印　　张	16		印　次	2021年7月第1次印刷
字　　数	220 000		定　价	48.00元

版权所有　　侵权必究　　印装差错　　负责调换

前言
PREFACE

　　是什么时候萌生出写这本书的念头呢？在数年的求职培训中，我见证了各种各样的求职故事，有背景明显低于平均水平但疯狂临时抱佛脚，最终去了"四大"的同学；也有背景稍强于平均水平，所以只想看顶级岗位，但最后还是不够幸运而去了一般企业的同学；还有让我印象深刻的，紧跟着进度走，虽然没能克服害羞的天性，但仍然尽力在每个环节做到最好，最后拿到 offer 的同学。在此过程中，我看到了学生在求职时的焦虑，同时也深刻地认识到提前准备的重要性。所以就写本书吧，一来可以把近些年所得到的经验分享给有需要的人，二来也算是给数年来的培训做个里程碑式的总结。

　　本书从应届生求职角度出发，"从 0 到 1"细说审计行业求职各环节的要点，包括通用求职时间及流程介绍、四大会计师事务所业务介绍、审计工作介绍、审计求职规划、"四大"招聘项目介绍、简历编制、网申要点说明、笔试介绍、群面讲解、单面讲解等。其中，通用求职时间及流程介绍是适用于各个行业的，各位在其他领域求职的时候也可以用到该部分知识，具有极强的"扫盲"作用。四大会计师事务所业务介绍、审计工作介绍、审计求职规划等更多的是带各位认识和了解审计工作的具体情况，同时也告知各位如何从早期规划自己的求职路径。而"四大"招聘项目介绍、简历编制、网申要点说明、笔试介绍、群面讲解、单面讲解等则蕴含着满满的干货，希望各位按照书中内容好好准备，慢慢体会其中的乐趣。

　　最后，能陪伴各位经历求职是我莫大的荣幸。希望各位求职顺利，拿到理想工作 offer。

　　本书仅代表有果求职多年求职经验总结，不代表四大会计师事务所的官方立场。

目录
CONTENTS

第1天　扫盲

第一章　通用内容　/　3
    1.1　招聘时间线逻辑　/　3
    1.2　招聘时间梳理　/　5
    1.3　招聘流程梳理　/　6
    1.4　针对招聘，一些常见问题的解答　/　19

第2天　了解审计

第二章　四大会计师事务所业务与审计工作介绍　/　25
    2.1　四大会计师事务所业务介绍　/　25
    2.2　审计分组逻辑　/　26
    2.3　审计工作的类型　/　27
    2.4　审计工作的特点　/　28
    2.5　审计的晋升路径与跳槽路径　/　29
    2.6　审计工作逻辑——以一个年审项目为例　/　31

第3天　求职规划

第三章　求职规划与路线搭建　/　41
    3.1　你是否适合审计工作？　/　41
    3.2　自我分析　/　47

第4天　了解"四大"招聘

第四章　"四大"招聘项目、招聘时间及相关流程介绍　/　61
    4.1　第一类项目：普华永道LEAP俱乐部、安永校园大使、毕马威Elite Programme、德勤Club　/　61

4.2　第二类项目：寒假实习、暑期实习、普华永道 Sprinter 项目　/　68

  4.3　第三类项目：安永 SLP 项目、毕马威早鸟项目、"四大"秋招项目、"四大"春招项目　/　72

  4.4　第四类项目：各类商业挑战赛　/　81

第 5 天　简历搭建逻辑及方法

第五章　简历搭建逻辑及方法　/　85

  5.1　简历内容逻辑　/　85

  5.2　简历主要板块及模板　/　89

  5.3　英文简历编辑逻辑　/　98

第 6 天　网申要点

第六章　网申要点　/　103

  6.1　网申筛选逻辑　/　103

  6.2　信息的正确填写方法　/　104

第 7—8 天　笔试准备

第七章　笔试准备　/　113

  7.1　德勤笔试介绍　/　113

  7.2　安永笔试介绍　/　114

  7.3　毕马威与普华永道笔试介绍　/　115

第 9—11 天　群面准备

第八章　群面准备　/　119

  8.1　"四大"群面设置介绍　/　119

  8.2　群面测试点及通过率　/　120

  8.3　常见面试案例类型及分析要点　/　121

  8.4　"4 步法"搞定案例分析　/　140

  8.5　群面生存守则　/　142

  8.6　附加部分：往年部分"面经"整理（回忆版）　/　158

第12—13天　单面准备

第九章　单面准备　/ 177

　　9.1　单面的形式及注意点　/ 177

　　9.2　不同提问方式，却是同样的问题——提问方式介绍　/ 179

　　9.3　回答方式介绍　/ 185

　　9.4　故事线与筹码分析　/ 194

　　9.5　常见问题及回答（有果六大问）　/ 196

　　9.6　从"开不了口"到"自由沟通"　/ 245

offer

第1天
扫 盲

1

第一章

通用内容

1.1 招聘时间线逻辑

企业开放寒假实习、暑期实习、提前批招聘、正式秋招、春季招聘的时间一般会遵循一定的逻辑，各位了解之后就不会认为"招聘时间"是个无规律的事情，也不用通过大量的"历史信息"推算新的招聘期间。而笔者让各位了解这个逻辑的根本目的是：求职是可以分阶段准备的。比方说互联网企业开始大规模招聘的时候，各位可以把更多心思放在这个领域，其他行业同理。

本质上来讲，决定一个企业招聘项目开启时间的关键要素有四个：（1）企业要价能力；（2）对某类人才的渴望程度；（3）小操作；（4）历史习惯。

1. 企业要价能力

在夏天（7月左右）就进入到秋招阶段的公司一般是非常"自恋"的，比如互联网企业、顶级投行、顶级咨询公司等。对这类企业来说，它们可以给应届毕业生提供的平台、薪资、岗位等都明显优于其他企业，所以在这些企业眼里，它们是不太担心学生拿到自家offer之后朝三暮四去其他地方的，而早一点开始又能保证它们接触到大量不同背景的学生，从而尽早招聘到需要的人才。故一般情况下，越好的企业开启招聘的时间越早。当然，一些公司为了避免自己给自己挖坑，有时候会在7月开始提前批招聘，然后9月进入正式批招聘，或者7月就开始所谓的正式批招聘，然后把网申时间拉得很长，以防止"意外"发生。

2. 对某类人才的渴望程度

随着科技的发展，各行各业对技术型人才的需求越来越大，所以在近些年的招聘中，理工科背景的学生在求职中的竞争力明显高于非理工科背景的学生。为了提前"抢"到该类人才，企业会在较早的阶段开启理工科专场招聘，这类招聘项目常见于证券行业、各类事务所和银行业。

3. 小操作

简单来说，"小操作"的意思是：企业暂时忽略自己的要价能力，提前开启招聘项目"抢"人。安永的SLP项目就是非常典型的"小操作"，因为正常情况下，几乎没有什么公司会在每年4月开启全职招聘项目，当然，这里指的是中国区域的招聘。

一般来说，"小操作"不是为了跟不同行业的企业竞争，而是为了跟同类型企业竞争。但这类操作会导致一个非常有趣的现象：同类型企业会因为竞争关系，提前自己网申开始的时间，导致整个行业网申开始的时间前移。四大会计师事务所以前都是在9月开启秋招的网申，但近两年，这个时间早已提前到8月初左右。

4. 历史习惯

拿秋招作为例子，"秋招"之所以为"秋招"，是因为它是秋天开始的招聘季。而为什么大多数秋招都是9月左右开始呢？是因为9月开始入秋吗？当然不是，这是因为9月1日是中国学校开学的日子，它有很特别的意义。所以除了上面提到的特殊情况，大多数企业都是9月左右开启招聘的。想想看，把暑假中的学生叫回来面试也不是很合适。

1.2 招聘时间梳理

时间线	招聘项目	相关准备（通用）	四大审计求职学生准备
1—3月	（1）各企业春季招聘项目 （2）部分互联网企业、快消公司、咨询公司暑期实习项目 （3）各企业校园大使等校园类项目	（1）临近毕业学生：春招相关的简历、笔试、群面、单面均需要提前准备 （2）应届毕业生：如求职方向为互联网企业、咨询公司、快消公司，则简历、笔试、群面、单面均需要提前准备	（1）临近毕业学生："四大"相关的简历、笔试、群面、单面均需要提前准备 （2）应届毕业生：可尝试寻找审计寒假实习机会，为之后的招聘项目做准备
4—6月	（1）极少数全职类补招项目 （2）大量银行、地产企业等暑期实习项目 （3）极少数全职招聘项目（安永、部分顶级投行）	（1）临近毕业学生：春招相关的简历、笔试、群面、单面均需要提前准备 （2）应届毕业生：简历、笔试、群面、单面均需要提前准备（快人一步分析不足，从而在暑期时间弥补不足）	（1）临近毕业学生："四大"相关的简历、笔试、群面、单面均需要提前准备。此时已是准备的最后时期，切勿拖沓 （2）应届毕业生：全力准备安永SLP项目。此时已经是简历、笔试、群面、单面准备的最后时期，切勿拖沓
7—8月	（1）大量互联网企业、顶级咨询公司、顶级投行提前批/秋季招聘项目 （2）大量金融、科技类企业招聘专场 （3）部分四大会计师事务所、快销公司、地产企业等开启秋招项目	（1）临近毕业学生（如还在企业招聘范围内）：此时已经是简历、笔试、群面、单面准备的最后时期，切勿拖沓 （2）应届毕业生：此时已经是简历、笔试、群面、单面准备的最后时期，切勿拖沓	（1）临近毕业学生：CPA、ACCA考试准备及求职准备。此时已是准备的最后时期，切勿拖沓 （2）应届毕业生：CPA、ACCA考试准备及求职准备。此时已是准备的最后时期，切勿拖沓
9—10月	（1）大量企业秋季招聘开始 （2）大量企业笔试阶段开始 （3）大量企业面试高峰期	（1）临近毕业学生（如还在企业招聘范围内）：着重针对面试、笔试部分准备 （2）应届毕业生：着重针对面试、笔试部分准备	（1）临近毕业学生：CPA、ACCA考试准备及求职准备。此时已是准备的最后时期，切勿拖沓 （2）应届毕业生：CPA、ACCA考试准备及求职准备。此时已是准备的最后时期，切勿拖沓

续上表

时间线	招聘项目	相关准备（通用）	四大审计求职学生准备
11—12月	（1）部分银行、咨询公司春季实习项目开始 （2）部分面试进行中 （3）大部分offer已成型	（1）临近毕业学生（如还在企业招聘范围内）：着重针对面试、笔试部分准备 （2）应届毕业生：着重针对面试、笔试部分准备	（1）临近毕业学生（如还在企业招聘范围内）：着重针对面试、笔试部分准备 （2）应届毕业生：着重针对面试、笔试部分准备

1.3 招聘流程梳理

不同类型的企业招聘流程会有一定的行业特性，但整体流程是大致相同的。具体的流程各位可参照各企业、岗位过往的"面经"。在这里笔者希望按照一般情况做说明，即假设在没有疫情的情况下，企业招聘流程的通用逻辑。

企业的招聘流程一般有四个关卡：网申、笔试、群面、单面。通常来说，各流程环环相扣，像打游戏时候"闯关"一样，一关失败，全盘归零。

1. 网申关卡

首先要说明的是，网申本身是不太能构成一个筛选项的。如果各位在实习描述部分写错了一个字，这其实不太会导致"网申不通过"的结果。当然，这里不是说各位不必注意细节，而是在说，这些细节的重要性可能不会在网申环节体现出来，但也许会在其他环节让你"买单"，比如面试阶段。

决定网申是否通过其实是各位的综合背景，比如学校、专业、成绩、获奖情况、资格证书、专业技能、英语水平、实习情况、学生活动等。现在大多数企业都通过线上网申来进行招聘，根本原因只是图个方便罢了，它们将需要参考的内容设计成不同的网申板块，让求职者按照固定的格式进行填写，然后再统一评分、筛选，这样大大减少了人工成本和筛选时间。

这部分给各位的建议有两个：①写对；②写完整。"写对"的意思是尽量不要犯细节性的错误，这些错误可能在网申阶段并不会给各位造成很沉痛的后果，但后期面试时如果被发现，就会是一个很减分的事情。"写完整"的意思是，在网申的各大板块都尽量写上内容，因为很多网申都是打分制的，即综合分数达到一定水平才会通过。如果各位嫌麻烦而没填一个板块的话，也就少了一个得分的可能。

2. 笔试关卡

这里要额外提的一点是，大多数企业的网申和笔试环节都是分开的，即通过网申的候选人才会进入到下一关测试——笔试。然而，也有一些企业为了图方便，将网申和笔试结合在一起，这就是人们所说的"海笔"。"海笔"指的是：一些企业会在候选人完成网申之后的短时间内自动发送笔试，除了特殊情况外，所有参加网申的同学基本都会拿到笔试，而企业会结合候选人的个人履历及笔试情况一起来看是否给下一步通知。其实在招聘中，通过"海笔"进行筛选的公司并不少，比如快消公司中的宝洁和联合利华、"四大"中的德勤和普华永道、部分证券公司等。

从时间来看，在发送笔试之后，大部分企业都会要求候选人在一定期限内完成笔试，这样很方便，但有个风险，即题目泄露。先做完笔试的同学可能会通过一些平台公开自己笔试的内容，从而影响公平性。所以很多互联网企业和银行等就想出了新的方法，即安排全国统一的笔试。另外，线上笔试还要求候选人开摄像头，以便实时监督测试人是否有作弊嫌疑，即便安排多轮笔试，也会考查完全不同的题目，从而大大减少作弊的风险。对企业和候选人来说，这两种方式各有利弊，怎么选择要看企业如何取舍。当然，即便是线上开摄像头的测试，也无法完全避免作弊的风险，所以也有部分企业会开展线下笔试，尽量减少作弊情况的发生，同时也减少了题目泄露的风险。这么做的劣势也比较明显，因为对企业来说，这无疑意味着更高的成本，而对候选人来说，距离较远的话，恐怕很难赴约，从而只能眼睁睁地看着机会溜走。

再来聊聊笔试的分类，笔者把它分为三类：性格及情景测试、通用能力测试、专业测试。一些企业会把性格测试和其他测试分开，做两次测评，比如阿里巴巴；而一些企业则会分为不同板块，放在一个测评链接里一起测评。

（1）性格测试及情景测试

把性格测试和情景测试放在一起的主要原因是：这两个部分其实与逻辑思维、专业知识等比较偏能力方面的测试不同，它们更偏向于测试"你是否适合这个岗位"。性格测试主要是看你的个人性格是否适合这个岗位，而情景测试主要是看在特定环境下，你能否采取较为适当的处理方式，由此判断你能否适应未来的工作环境。性格测试是所有企业基本上都会考核的内容，而情景测试的应用则没有那么广泛，但仍然常见，比如部分快消公司、证券公司、外资银行等会进行情景测试。

1）性格测试

性格测试里，最常见的题目有三种：①选择类。例如，题目会问"以下哪一个是最符合你的？哪一个是最不符合你的"，然后给出几个选项，让候选人做一个简单的排序。②评分类。题目会给出一个描述，比如"我是一个非常有竞争力的人"，然后让候选人从"非常符合"到"非常不符合"这两个极端的区间内做一个选择。③游戏类。游戏测评是近几年很火的测评方式，通过各种游戏，从侧面测试出候选人属于哪一种人格，例如，近几年普华永道用的GBA（Game-based Behavior Assessment）。

各位可能会觉得，除游戏测评，其他性格测试都很简单，因为只需要结合岗位特点来选择即可，但企业也知道候选人大概率会为了通过测试"不择手段"地"转换人格"，所以一般会通过两种方法"逼迫"各位做回自己：①增加题目数量。很多性格测试的题目都超过100道，从心态上折磨候选人，因为如果候选人对每一道题都费尽心思去思考、选择的话，性格测试就会变成一个非常折磨人的过程，且企业完全可以限制测试时间，从根本上杜绝"做每一道题都重新思考人格"的可能性。②变换题目问法。比方说在性格测试前面部分的题目中，各位会见到"你是不是一个有竞争性的人"这个问题，而在后面某一处可能会有一个题目问"你是否渴望胜利"，仔细思考一下，这两个题其实本质上都是在测试各位的竞争性。各位一旦没有反应过来的话，那么前后的回答可能就不一致，则最终结果和各位"想塑造的人格"可能就不会太一致。

针对这类性格测试，也不是毫无办法，如果各位本身的性格就非常适合该岗位的话，那做自己是最轻松快乐的了。但如果各位并没有那样的性格，且不想放过一个好机会的话，最好的方法是在测试之前疯狂"洗脑"，想象自己就是一个适合该岗位的完美候选人，站在这个人设上去"自然地"回答一系列问题。很多 HR 在说到性格测试的时候都会建议各位"be yourself（做自己）"，但有时候如果真的做自己的话，是过不了测试的，HR 们这样建议的原因只不过是想要让之后的招聘流程更顺利一些罢了。比如很多比较"丧"的同学如果真的"做自己"（毫无竞争性、根本不想工作、只想躺着、日日玩耍）的话，估计一个性格测试都过不了，那还找什么工作呢？

2）情景测试

情景测试分为两类：①选择类。举个简单的例子，题目可能会给一个特定的情景，类似于"你有一个关于市场营销的很好的想法，且马上就要开团队会议，但这次团队会议主题是关于渠道的，那你该怎么办呢"，然后给出几个选择，分别是："在会议上谈论你的想法""和同事商量一下这个想法，并不急于在会议上说明""先忽略这个事情，等下次开市场营销会议的时候再提出来"，然后让候选人作出选择。②排序类。同样还是上面的例子，但让你对现有选择进行排序，而并非选择一个固定答案。与性格测试不同的是，情景类测试往往不会出现 100 道题的情况，因为性格测试要求的是快速选择答案，以测试候选人的真实性格，而情景类测试需要各位把自己放在当下环境中，思考采取哪种方式才是最适合的。这个过程本身是很耗时的，所以企业就没有必要折磨候选人了。

针对这类测试，笔者给各位的建议是：以职业道德为重，以客户为重，以团队为重，把自己放在最低的位置，"舍己为人"。当然，前面提到的这些重点是有先后顺序的，当不得不舍弃一个选项的时候，要学会优先舍弃后面的部分，重要的是保住前面重要的部分。

（2）通用能力测试

这是最为常见的笔试内容，通常来说，一个企业的笔试部分可以没有专业测试，也可以没有性格测试和情景测试，但不会没有通用能力测试。这类测试一般有七种：数学计算、图形类逻辑、数列、阅读理解、语文测试、英语测试、其他部分。当然，这并不是说所有公司的通用能力测试都涵盖以上七个部分，它们可以有不同的随机组合，这里只把常见的罗列出来了。

1）数学计算

数学计算是很常见的考试题目，这部分各位遇到的情况可能有两种：①直接计算。直接计算的情况在外企的测试里出现频率会更高一些，像是数学游戏一样，这类题目通常不会太难，但是非常看重各位的速度与正确率。举个简单的例子，有时会给一个类似"10+99=？"的问题让候选人快速算出答案，然后进入到下一个题目。通常来说，题目难度会越来越大，比方说，从两位数计算变成三位数，从加减法变成乘除法。如果各位连续做错的话，题目便会从头开始。②结合小案例的计算。这类题更偏向于真实的计算，在国企和外企的测试里都很常见。举个简单的例子，在这类题目中，各位可能会看到一段文字和一些图表，或者没有文字只有图表，然后会给一个类似"请算出2020年××地区人均GDP"的题。这类题不会直接给各位计算的数据，要得到答案往往需要先从信息里提取出所需要的数据，然后再进行计算。通常来说，这类题的难度是大于前者的，各位同样被要求快而准地给出答案。当然，这类题的"快"肯定是不及前者严格的，毕竟难度也不一样。对于第一种类型的数学题，各位有一个非常便捷的练习方式——下载预防老年痴呆的游戏APP。很多益智类游戏APP也包含快速数学计算，可以很好地锻炼速度和正确率，因为对中国学生来说，那些题不算难。对于小案例的计算，比较直接的方法就是找大量的题库去练习，说不定可以遇到原题，都可以不用算，直接选答案就行。

2）图形类逻辑

图形类逻辑是很常见的逻辑测试题型，各位可能遇到的题分为两种：①推断类。这类题会给出一些图形，各位需要从给出的图形中识别出一定规律，从而推算出空白处应该是什么图形。②找不同。这类题会给各位一些图形，要求从这些图形中识别出一定规律，找出不符合整体规律的图形。这两者虽然看似不同，但其实本质是一样的，都是找规律。总的来看，图形类逻辑的规律有：包含关系、图案完整性、边的数量/笔画数量、图形个数、颜色等，在这里就不做过多的分析了。

3）数列

数列也是很常见的考试题，在各个行业的测试里都是常客。这类题目没有什么特别多的变换样式，通常是给出一些数字，要求各位寻找数字之间的关系，从而找到空格处该填写的数字。数列是难度起伏很大的笔试题，它可以非常简单，一眼就看得懂，也可以非常复杂，从网上都查不到答案。

通常情况下，较为常见的数列逻辑有三种：①前后联系。比如"$A_2=2*A_1+5$"，各位可以通过前面的数字推算出后面应该是多少。②独立联系。比如"$A_1=3^2$，$A_2=3^4$"这样的逻辑，各个数字之间可能并没有太直接的函数关系，更多的是独立的逻辑，当然，也有的题目会将二者结合，一部分取决于前后联系，一部分取决于独立联系。③数字逻辑。比如"$A_1=3$，$A_2=4$，$A_3=712$"，对于这种类型的题目来说，很难用函数去推算出前后之间的关系，只能单纯地从数字推出"3+4=7，3*4=12，于是下一个数字就是7和12的组合数"。具体情况具体分析，这里不做过多介绍了。

4）阅读理解

阅读理解同样是很常见的考试题目，在各行业的测试中很常见。这类题往往会先给出一段文字，各位需要结合问题去理解文字内容，从而选出正确答案。较为常见的问题有两类：①整体理解类。一般会问两种问题，一种是直接问你"文章主旨是什么"，另一种是问你"请联系上下文思考，下一段要写的内容是什么"。②逻辑类。这类问题本身跟阅读没有太大关系，本质上是考查逻辑思维。举个简单的例子，你可能会遇到"以下哪个条件会削弱文章中的观点"，这类题需要结合整体逻辑去判断，什么样的前提条件或附加条件会让文章中的观点变得没有说服力。阅读理解类问题的答案通常不是那么绝对的，会给人一种"a是对的，b也是对的"的感觉，它不像数学题那样，会有一个直接的答案。所以针对这类题目，各位可以参照行测的一些题目做练习，做多了大概就知道出题人想要的答案是什么了。

5）语文测试

可能很多人会纳闷，为什么笔者没有把"阅读理解"部分放在"语文测试"里，而是单独列了一类出来，本质上是因为阅读理解更多的是体现文字层面的逻辑，而语文测试则是单纯地考查词义、词性的识别等基础能力。语文测试类考题一般有四种：①关系类。举个简单的例子，各位会看到类似"A之于B，等同于C之于D"这样的题目，其中"A""B""C""D"中可能有1～2个是空白，各位需要根据词语关系来推断出答案。②词性类。这类题目往往会给出几个词语，比如一些容易被弄混的褒义词和贬义词，然后让候选人通过对词性的理解判断哪个是不同类别的。③词义类。词义类有两种出题方式：其一是给出几个词语或者成语，让候选人选择哪个是不同类别的；其二是给出一个句子，然后让候选人选择哪个词语可以被填写进去。其实，不论是第一种还是第二种，本质上都是测试候选人对词语含义的理解能力。④找病句。这类题目里，各位会看到几个完整的句子，要求候选人选出正确的或者错误的那句，比较常见的问题有成语滥用、逻辑词有误、指代模糊等。整体来说，语文测试部分还是需要各位多加练习，同"阅读理解"部分一样，各位可以参照行测的一些题目做练习。

6）英语测试

英语测试不像前面的测试题那样频繁出现，通常只有少部分外企或者需要经常用到英语的岗位会测试。目前比较常见的测试方式有四种：①混合测试。简单来说就是把英语测试和其他部分结合起来考查，比如把阅读理解换成英文版本文章，一方面考查测试者的阅读能力，另一方面也考查英语能力。②单词测试。各位会看到类似单词填空或者近义词选择之类的题目，本质上是考查各位的单词量。③听力测试。这类题目里，各位会听到不同的信息，然后需要完成单词选择、相关问题回答等。④写作测试。各位会被要求在有限的时间内完成一定词数的英语作文，整个过程类似于雅思考试的写作。

当然，可能各位会觉得纳闷，觉得听、读、写三个部分都考查到了，为什么不考查"说"呢？放心，如果英语水平对这个岗位来说真的那么重要的话，AI面试和真人面试都少不了，各位会有尽情展现流利口语的机会。针对英语测试其实没有什么特别多的建议，英语作为一个基础能力，各位还是老实学习、夯实基础为好。

7）其他部分

其他部分是一些并不是那么常见的，但近几年也出现过的试题类型，比方说数独、管道、华容道、案例分析、智力测试等。因为种类繁多，所以就不一一列举了。总之，见神杀神，各位考试前务必做大量相关题，一方面可以找到做题的感觉，另一方面考试中也可能碰到原题，产生"中奖"的喜悦，无论怎么说，大量练习都是一个好习惯。

（3）专业测试

既然是专业测试，那一定是围绕着岗位来考查的。这类测试一般有两种考法：①考题类测试。这种测试的题分两种：一是选择题，各位即便不会做也有一定概率蒙对；二是问答题，例如，要求各位根据交易信息完成会计分录，或者是写一段代码，等等。②开放类测试。这类题目比较综合，是互联网企业最喜欢的类型之一。比方说围绕产品、市场营销等话题给出一个开放型案例，然后让各位在有限的时间内写出自己的想法。总的来说，相比其他类型的专业测试，开放类专业测试更看重候选人的整体思维。当然，正如开始提到的那样，专业测试完全取决于各位投递的岗位。

3. 群面关卡

首先，这里仅仅针对群面可能出现的考核方式、考核内容等做一个说明，具体的案例分析与讲解会在后面的章节做详细介绍。

从考核方式来说，群面分线上和线下两种模式，面试人数一般为8到12人，除了疫情等特殊情况，线上面试出现的频率是远小于线下面试的。整体来说，线上面试的可控程度远小于线下面试，除了设备、网络问题外，线上面试出现"菜市场买菜"混乱现象的概率远大于线下面试。在线上面试中，各位互不相让、吵吵闹闹的情况很容易出现，一旦出现就一发不可收拾，搞得HR也不知道各位到底说了什么，看不出谁是真的有逻辑思维能力和领导力的那一位。反观线下面试,各类不可控情况出现的概率就小多了,毕竟都面对面了,各位会"谦让"许多。

从考核内容来看,在群面时各位遇到的考题大概有 5 种:商业案例类、辩论类、策划类、排序类、选择类。建议各位每种类型的题目都准备一下,因为它们都是比较常见的。

(1)商业案例类考题

商业案例类考题是很常见的,"四大"、部分咨询公司、快消公司、互联网企业都在群面环节考案例。各位会被给到篇幅不一的背景信息及相关的任务,要求利用案例里给出的信息和基础知识,与团队一起讨论来完成任务。

通常情况下,案例面试不需要各位积累大量"场外信息"。如果某案例是关于一家自行车企业现状诊断的,那各位只需要结合案例信息从不同层面进行分析即可,并不需要结合当下自行车市场的真实情况去分析,毕竟有些案例年代久远,按照目前的市场情况进行分析也不合理;再者,估计各位也无法了解所有行业及其细分行业的商业模式、最新数据等。当然,也有一些例外情况,比如京东的管培生群面会给出一些较为专业的案例,需要各位具有广泛的专业知识才可以解答清楚。但即便如此,这些企业也不会要求各位"上知天文,下知地理",所谓的"场外知识",最多也是和业务相关的场外知识,或是与岗位相关的场外知识。比如你申请的岗位是金融岗,可能在案例中会出现一些新的金融法规,如果你并没有这方面的日常积累,可能回答不了"该法规对××公司的影响"这类问题,因为案例中大概率不会写清楚法规的明细,它需要你"本来就知道"这个法规是什么。

案例一般有两种:一种是针对该岗位的、较为专业的案例;另一种是比较通用的、不针对岗位的案例。前者多出现在各行业职能型岗位、互联网企业群面中,比如部分快消公司财务部门的群面就会给出关于预算、财务分析等方面的案例,考核候选人对专业知识的掌握情况。同理,互联网企业的群面也特别喜欢考与产品相关的案例,它们会认为:不论你申请的是什么岗位,既然想加入互联网行业,那么你就需要有互联网思维。这部分内容繁多,这里就不一一做介绍。

通用案例的目的主要是考核候选人整体的商业思维、信息处理能力、逻辑思维以及群面过程中体现出来的领导力、团队协作能力等软实力，而非候选人在某一领域的专业积累。通用案例常出现于各咨询公司及"四大"的群面环节里。对于这类案例，学过案例分析的商科学生会有一定的优势，因为课本中的各种框架可以帮助他们思考，但对于没有商科背景且没有接触过相关课程的学生来说，也可以用自己的逻辑去处理案例中的问题。

（2）辩论类考题

辩论类题型多出现在银行、地产企业的群面中。这类考题的特点是：信息少且多变。"信息少"的意思是，这类考题通常不会给出太多的信息，各位只能凭日常积累和常识去讨论，比如"是否有必要取消纸质票"。"多变"的意思是，各位可能很难通过"面经"来预测自己会遇到的考题，毕竟这类考题的出题难度并不大，公司完全可以从大量考题中随机挑选，让每个人遇到的题都不一样，从根本上杜绝提前准备的可能。

参加辩论类群面的候选人一般会被分成A、B两个小组。在拿到题目之后，各位会有比较短的思考时间（比如5分钟），以及一定的小组讨论时间（比如15分钟），最后再陈述观点、互相PK。

说个有趣的，有学生曾经遇到过一个比较绝的辩论类面试，是某地产公司的管培生群面，"绝"的地方在于，这个辩论类群面一开始非常正常，但在各小组完成观点陈述和小组PK之后，面试官随即告诉候选人："好了，你们现在互换持方，重新陈述。"整个过程让人拍案叫绝、五体投地。除了"非常会玩"之外，暂时想不到其他的赞美之词了。

（3）策划类考题

策划类考题出现的频率并不是非常高，曾经出现在联想、毕马威精英计划和部分银行的群面环节里。总的来说它们的难度不大，更像是学生会策划活动的会议内容，所以从逻辑层、创意层等方面无法很清晰地判断出候选人的整体水平，毕竟内容很简单，参加面试的人不至于一句话都说不出来，这样一来，对于群面而言，筛选的效率就不是那么高了，再加上出题所费时间也不少，至少比上述的"辩论题"麻烦多了，自然近些年少见了许多。

在这类群面里，各位一般会拿到3—4页的背景信息，信息中会列出时间要求、目标人群、预算标准、各类物资的价格等，要求各位在现有的条件下策划一场校园活动、团建活动、年会活动等。一般情况下，各位会有15分钟左右的思考时间和30分钟左右的讨论时间，最后汇报结果。有的面试会在阅读完毕后每人有1分钟左右的陈述时间，再进行讨论，这样做的原因之一是保证每个人都有说话的机会，也让面试官大概看看每个人的水平，以防有人浑水摸鱼。

（4）排序类考题

排序类考题也是很常见的类型，华为公司就很喜欢用这种考题进行群面测试。这类考题和辩论题有异曲同工之妙：信息少且多变。唯一不同的是辩论类考题会主动"制造分歧"，而排序类考题则不会，但由于排序类考题往往"答案不唯一"，怎么说都有道理，所以即便没有主动制造的分歧，各位在讨论中观点不同也是很正常的现象。

分析这类考题的关键点在于，先识别判断标准，再按标准做选择，这样整体会清晰很多。当然，很多学生在讨论的时候不按照正确的逻辑去思考，而是反着来，即先给一个所谓的"答案"，再说明原因。这里并不是说这个逻辑不可取，反着来正着来都行，只要给出结论、说明原因就好，能自圆其说即可。

（5）选择类考题

排序类考题和选择类考题本质上是一种题型：如果说排序类考题是给所有选项排个"1、2、3"，而选择类考题则是找到那个"1"。当然，这里的"选择类考题"并不是商业案例中出现的那种，比如商业案例里的"选择一个城市、选择一个产品研发"这种问题。这里说的是比较简单且开放的选择题，比如，"奶茶店应该开在学校门口还是商业中心？""唐僧、孙悟空、沙悟净、猪悟能、白龙马这5个角色，你想要带谁一起去旅游？"这类题目往往不会给各位很多具体的信息，比如告诉你"学校"是哪个学校、奶茶店的定位是什么、唐僧等人的画像是什么，各位在讨论的时候要自带信息、假设条件去思考，从而给出最完整且合理的选择。

该类考题整体的分析逻辑和排序类考题差不多，最好的方法是先谈筛选逻辑，再从各类筛选逻辑出发，选出最好的选项。不过大多数学生还是习惯于先给答案，再说原因。当然，不是说这个逻辑绝对不可取，只是大多数时候，这样的逻辑很难得到最完整且合理的选择。

4. 单面关卡

同群面环节一样，单面的详细讲解也放在之后的章节去说，这里只大概给各位介绍一下单面的各类考核方式。

从方式来说，单面有真人电话面试、AI 电话面试、线上语音面试、真人线上视频面试、AI 线上视频面试、线下面试等。AI 面试在近几年得到越来越多的应用，其功能和笔试类似，即在正式面试之前先测试一下候选人的水平，从而节省整体招聘成本，提高招聘效率。当然，由于 AI 面试的局限性，一般来说，该类面试的题目都是固定的，所以各位可以适当使用"面经"来提前准备此类面试。

大多数情况下，各位在单面环节会遇到三种人，即 HR、业务经理、主管。有的顶级投行也会让经理层以下的业务人员进行面试，该环节主要是看候选人是否适合现有的工作团队。不同类别的面试官分工不同，他们分别需要从能力、文化适应度、真实性、稳定性等方面测试各位是否可以拿到 offer。

（1）HR 面试

简单来说，HR 主要会从简历内容、忠诚度等方面考核候选人的整体匹配度。当然，有的 HR 也会问专业问题，但这主要取决于 HR 本人对于该岗位的专业性如何。一般情况下，HR 的面试是所有面试里最"刁钻"的，他们会把简历抠得非常细，从而了解各位过往经历的真实性。这像极了第一次见面的女朋友闺蜜，感觉对方在半小时之内就要把你过往的感情经历全部挖出来：谈了几个啊？为什么谈？谈了多久？谈到哪一步了？为什么分手？如果这个时候前后不一致，逻辑有漏洞，她则会面带微笑说："好的，了解了。"然后转过身对你女友说："这人不行。"

　　HR 主要分两类，有的是温柔派，有的则非常冷酷，各位不论遇到的是哪类都需要记得：HR 主要测试候选人对岗位的适应度、整体稳定性、文化符合程度、简历真实性。千万不要因为对面坐着个温柔的 HR 就敞开心扉说"大实话"，对方不是来陪各位谈心的；也不要因为对面坐着个铁面人就认为这家公司不尊重人，可能对方只是想测试一下各位的抗压能力而已。正确对待面试，好好发挥才是硬道理。至于 HR 会问哪些具体问题，这里不过多介绍，后面再慢慢谈。

　　当然，还有一种特殊的 HR 面试，不跟你谈人生，跟你谈谈薪资吧。谈薪资是非常有技巧的，各位在大概确定自己可以拿到 offer 之后可以上网查一查这个岗位历年的薪资情况，心里有个数，谈的时候不至于报价太低"贱卖"了自己的美好青春，也不至于报价太高吓跑 HR。当然，针对校招的话，其实很多时候各位的薪资已经说得明明白白了，只需要服从即可。

（2）业务经理面试

　　业务经理和 HR 有着不同的关注点，简单来说，业务经理主要是站在"管理者"的角度来看你能否胜任这份工作、能否适应这个工作环境、稳定性如何。相同的是，HR 和业务经理都比较看重稳定性，但前者是帮公司看看能不能长远留住人才，而后者可能更多的是去看这人能跟我干多久。与 HR 面试不同的是，业务经理面试会更多涉及专业方面的问题，看候选人能不能胜任这份工作。当然，如果各位面试的是管理咨询、战略咨询、甲方战略部门的岗位，大概率会遇到咨询专有的考题，即小案例、市场规模类题目，这具有一定的岗位特性。

　　与业务经理的面试像极了和相亲对象的面谈：大概聊聊你的过往经历、你的未来打算、你的心路历程等。你可能遇到温柔型的相亲对象，也可能遇到平静如水的相亲对象。一般这种时候，各位不太会遇到过于铁面的人，毕竟是相亲对象，都是为了找个伴来赴约的，没必要那么不礼貌，除非对方看不上你，心想着"这媒婆（HR）都找的什么人来见我啊"。但即便如此，他们也不太会不礼貌，毕竟这关乎着公司的门面，是成年人之间的无声默契。

换到面试来看也是一个道理，因为面试各位的经理可能就是你之后的直属领导，所以对方没有必要在一开始就给你留下不好的印象，这也是职场的无声默契。

（3）主管面试

首先，这里提到的主管可能是业务主管，也可能是综合层面的老板，不过不论是谁，各位把他们理解为"最终大 boss"即可，在"给不给 offer"这个事情上，他们绝对有一票否决权。主管面试像极了见女朋友父母的过程，在各位通过了闺蜜和女友的测试之后，终于被安排见父母了，可以提亲了。其中，offer 就是结婚的要约邀请，合同就是一纸婚约，只不过在真实情况下，合同有一定期限，而婚约没有。

大致来说，女朋友父母可能会有两种类型：一是随性派，认为既然女儿都认可你了，那我们也无须刁难什么，看看情况、聊聊家常即可；二是严肃派，他们觉得女儿毕竟不够老练，看的还不够多，可能还有看走眼的地方，所以他们还要再次确认一下各位是否有迎娶自己女儿的资格。不同风格的主管会有不同风格的面试，随性派很信任下属的选择，他们大概问问你的稳定性、未来的大致规划即可，顺便可能再闲聊几句，这种时候各位无须太过紧张，自然一点就好。严肃派则可能一秒变铁面人，把业务人员和 HR 面试中的问题随机抽取来问，看你能否胜任这份工作、你是否适合这份工作、你是否足够稳定、你的过往经历等。

当然，以上提到的环节有时候会被放在一起来考核，比如以"群面＋单面"的形式一起测试，所以各位在准备求职的时候不要太碎片化，反正早晚都会来的，还不如一次做完准备。这就像小学生的暑假作业一样，与其在最后几天临时抱佛脚，不如一开始就做完，然后彻底享受假期，日日玩耍。

1.4 针对招聘，一些常见问题的解答

现在各大企业的招聘已经做得非常成熟了，公众号也逐渐变成了主流的招聘信息推广平台，很多企业会在发布消息的初期就告诉各位一些必备的信

息。比如一次可以申请多少个岗位、提前批和正式批是否冲突、申请过暑期实习影不影响秋招、最新招聘流程包含什么、笔试面试的大概时间、可以接受的毕业时间范围、一些岗位的竞争情况等。当然，这里不是说每家企业都可以做得如此完善，但的确是慢慢有这个趋势了。所以如果各位真的有非常想去的公司和岗位的话，可以关注官方的公众号，一切以官方消息为主，毕竟谁也不能保证第三方平台信息的准确性。下面是一些常见的求职问答，来作为该部分的结尾。

1. 关于"应届生"身份，请问留学生是否在毕业三年内、两年内都算应届毕业生？

答：这有一定的行业特性和公司特性，并不能一概而论，比如国资银行和互联网等行业对毕业时间的要求普遍会比较严格，外企普遍会宽容一些，但也要看具体要求，比如"四大"中安永对毕业时间的要求会明显严格于其他三家，而某些快消公司会认可毕业两年内的学生为应届生，有些外企管培生项目甚至欢迎有12—18个月工作经验的学生来申请。

所以希望各位在做规划安排的时候，至少了解一下各公司的基本招聘要求。留学生们别再惊奇地说："啊，留学生不是毕业三年以内都算应届生吗？"这种话，这是不够准确的。

2. 今年大四，即将留学一年，该什么时候参加秋招？

答：是这样的，假设各位是在2021年10月之前毕业的话（具体月份按照公司规定的入职时间来定，这里只用最常见的情况做说明，不同企业可能会有不同要求），则需要在2020年参加该年度的秋季招聘，拿到offer之后便可以等一年后入职了。这是个有趣的问题，因为各位可能会觉得纳闷，认为自己还没有正式入学就开始秋招是个很奇怪的现象。这很正常，因为内地的研究生学制是两到三年，而到国外和香港读研很多都只需要一年的时间，自然就导致了该类现象的出现。

当然，各位也可以等到研究生毕业那年再参加招聘，即参加2021年的招聘项目。但这样的话各位可能面临两个问题：（1）部分企业不认可应届生身份；（2）求职经验不足。所以笔者的意见是尽早参加秋招，毕竟还未毕业就已经解决了就业问题是个很让人放松的事情，同时，在有一定求职经验的情况下，各位可以去尝试更好的岗位。所以，如果没有那么折腾的话，多尝试几次未尝不可。

3. 绩点很低啊，怎么办啊？

答：刷！在有机会的情况下尽量刷高绩点，因为没有企业会不喜欢成绩好的学生，这个道理和早年间父母希望自己的孩子跟成绩好的学生做朋友的道理一致。但如果实在刷不了的话，各位也不要气馁，从而放弃求职。因为不同的企业对于绩点的要求是不同的，不试一试就肯定没机会了。

4. 我英语好差啊，不会读，不会写，不会说，外企是不是很看重英语啊？

答：练！不论这些外企的实际英语要求是否如同面试时候那么严格，各位作为求职者还是应该好好准备。英语的重要性体现在两方面：（1）网申筛选；（2）后期考核。前者不难理解，比如一家公司要求候选人的英语水平为雅思7分或以上，但各位的雅思成绩只有6分，且没有其他成绩去证明自己的英语水平的话，那极有可能会直接挂掉网申关卡。至于后期考核，它可能以英语笔试、英文案例阅读、英语案例陈述、英语单面等形式出现。所以，即便各位的英语成绩可以过网申关卡，也要尤其注意听、说、读、写的硬实力，否则在后期会明显处于劣势。

5. 关于内推，是否我没有内推码就处于劣势？

答：其实还好。各位想象一下，一个互联网大厂给所有员工发了内推码，然后告诉他们：希望多多帮公司宣传，让你的学弟学妹用你的内推码申请，成功了有小礼品哦！然后又在推广文案中告诉求职者：有内推码的有专门的申请通道，有各种优先哦！再看一下这个过程，像不像别样的全民宣传方式？一方面促进了推广，一方面让求职者有"占便宜"的感觉，就像捡了宝一样去网申。

各位设想一下，假如现在有两个候选者，一个是各方面背景、笔试、面试都非常优秀但没有内推码的人，一个是各方面平平但拿了内推码的人，你会要谁？显然是前者。所以不要太迷信内推码这个新型玩法。当然，很多人会说：他找了×××内推就拿了offer了啊。这时候各位需要想一想，首先是否这个人本身水平很高，靠自己也能拿到offer，其次是他的内推本质上是"内推码"还是"找了关系"，这是完全不一样的事情。

好了，以上就是这部分的所有内容。在这一板块笔者并没有局限在"四大"审计岗位，原因之一是，要理清楚"四大"的求职逻辑，我们还是需要从最基本的部分讲起；原因之二是，相信大部分读者不会只看一条求职路线，所以希望这本书能全方位帮助各位求职。在后面部分里，笔者会针对"四大"的招聘项目及流程等做更详细的说明。

offer

第 2 天
了解审计

2

第二章

四大会计师事务所业务与审计工作介绍

2.1 四大会计师事务所业务介绍

"四大"在业务上有非常大的同质性,简单来说就是:你在做的我也在做,只是具体的客户不同。按大方向来说,"四大"的主要业务为审计、税务和咨询。这部分就一些传统的业务来做说明,太细小的业务就不一一列举了。

业务类别	业务内容
审计与鉴证	年报审计、IPO 审计、专项审计、财务尽职调查、清算审计等
税务服务	税务申报代理、税务咨询、国际税务服务、尽职调查、转让定价等
咨询服务	战略咨询、财务管理咨询、人力资源咨询、精算咨询、IT 系统咨询、风险咨询、财务咨询、风险控制等
支持中心	主要帮助审计部、税务部、咨询部门完成一些基础的支持性工作,如函证编制、初版报告编制等

其中,审计业务是四大会计师事务所最传统的业务。从 2019 年中国区业务数据来看,普华永道财务报表审计及证券业务部分的收入总计为 35.19 亿

元，占总收入的 62%。安永财务报表审计及证券业务部分的收入总计为 22.35 亿元，占总收入的 51%。德勤财务报表审计及证券业务部分的收入总计为 9.26 亿元，占总收入的 23%。毕马威财务报表审计及证券业务部分的收入总计为 16.67 亿元，占总收入的 50%。对于德勤来说，咨询业务为其收入的主要来源，故审计及证券业务收入占比会小一些。

2.2 审计分组逻辑

一般情况下，事务所的一线所（位于北京、上海、广州、深圳）和二线所（位于其他城市）的架构不是完全一样的。一线所的生意和项目自然会大于二线所，涵盖的行业范围也会广一些。所以，一线所的审计部门会按照行业做大概的分类，第一层分类是金融和非金融：金融行业包括各类银行、基金、保险公司等，这类公司业务与传统行业不一样，所以单独划了一条线；而针对非金融行业，部分事务所把它们分成了大企业组和小企业组，"大"与"小"与客户公司体量和业务规模有关，比方说腾讯、恒大、联想等，这类公司规模巨大且业务种类繁多，需要的审计人手会多一些，项目周期也比较长，而小企业组可能业务范围没有那么大，甚至有些项目只需要 3 个主要审计人员就可以完成年审期间的各类工作，周期一般也较短。当然，除了"大"与"小"的分类，一些事务所也会按照行业来分组，比如制造、消费、地产等。

二线所因为客户量没有那么大，自然不会按照不同行业做分组，审计人员接触到的项目取决于需要做审计的企业，可能任何行业都会涉及。其实读到这里各位应该不难发现，如果你加入了一线所，被分到了一个特定的大组里面，那么你接触到的范围是有限的，打个比方，如果你是金融组的审计人员，可能接触非金融领域的机会不会那么多，反之亦然，但不绝对。

当然，各位可能会很好奇：哎，哪个组会更好一些呢？我怎么能被分到特定的组呢？其实好与不好是相对的，如果你以后想加入到特定的行业从事内审、财务及与财务相关的岗位的话，那么该领域的审计经验当然会优于其他领域。虽然是从审计角度看财务报表，做了多年该领域审计的你早已熟悉它们的"长相"。至于"哪个行业发展更好、更适合你"，这个问题就不太说得清了，因为环境是多变的，每个人的喜好与需求也不尽相同。

再者，对于"我怎么能进入到特定组"这个问题，一般情况下，事务所会参照4个因素：谁面试的你、你的背景、你的偏好、各组人员需求。在前几年，很多事务所是按照面试你的合伙人来分组的，换句话来说就是：候选人被"随机"安排给哪个组的合伙人，之后大概率进的就是那个组。但近些年慢慢不按照这个规律去执行了，大多数情况下，合伙人在面试完给了通过之后，满足条件的候选人会被放在一个候选人池里面，经过HR最后复核之后再分组。而公司在分组之前会结合候选人的个人偏好、背景以及每个组的实际用人需求再最后定岗。

2.3 审计工作的类型

按工作类型来说，审计是一个以项目和团队为中心的工作，它与以非项目为中心的工作有什么不同呢？这里用企业财务岗位来做一个例子，财务岗位是一个非常标准的"职能岗"，假设你是一家架构完整且成熟企业的财务人员的话，那么你所做的工作基本是重复性的，你会负责几个固定类别的工作。当然，这些工作会随着升职而有所改变，但整体来看，你对于公司来说是一个螺丝钉，负责处理固定类型工作。

而审计并非职能型岗位，它主要是依托项目而存在的。这样的形态也不难理解，因为审计的业务就是按照项目来接的，比如年审项目、IPO项目等。公司每接到一个项目，就会为这个项目配置相应的人员，从而形成一个团队。

一般来说，如果各位被分到了一个项目组，那么在一段时间里，你都会跟随这个团队工作，直至项目结束。项目结束后可能会有点休假的时间，也有可能会无缝衔接到下一个项目与另一个团队接着合作，周而复始。其实，这个规律不仅仅适用于四大会计师事务所，任何以项目为基础的公司都是这样的风格。

所以，在了解工作类型之后，各位应该不难发现，如果加入了事务所，所在的所又比较庞大的话，那各位的工作可能是跟不同的团队合作，参与到不同风格的项目之中。这是一个好事情，因为在职场中，"有不喜欢的人又不得不抬头不见低头见必须合作"是个有点让人烦躁的事情，而对项目制工作来说，大不了熬过这个项目，下面又是不同的人了。当然，也有可能兜兜转转你俩又被分到一个项目组，那就只能期待下一次运气好一点。

2.4 审计工作的特点

在这部分，笔者希望从5个方面来概括审计工作的特点：淡忙季清晰、出差文化、考试文化、学习文化、跳槽文化。

1. 淡忙季清晰

1—4月是审计最忙碌的时候，所以不论各位是哪个项目组的，在这个时间里请做好疯狂加班且很少有假期的打算（当然，法定假期大概率还是不会被吞噬的）。9—10月是审计的淡季，除了特殊情况（比如被拉到IPO审计项目中），各位可以利用这段时间好好放松，或者好好准备CPA考试。其他时间的繁忙程度将取决于各位的项目特点，有的会比较辛苦，而有的比较清闲，但整体来说，其他时间的繁忙程度是不会达到1—4月那样的。

2. 出差文化

为了更好地执行审计工作，项目组人员往往需要到客户所在的办公地点执行审计程序，方便资料索取、访谈、询问、盘点等工作。当然，如果遇到项目时间紧迫、预算有限或者疫情等不可预见事项，有时候也不必非到现场工作。所以，出差频率和密度一定层面还是取决于项目安排，并非所有项目都有统一标准。

3. 考试文化

四大审计部门是非常支持员工考取 CPA（中国注册会计师）证书的，其他事务所也一样。"四大"每年会设置专门的考试假期让员工准备该考试，并且会有相关考试培训、报销外部考试培训课程部分费用、官方教材购买报销等福利。因为对于一个审计人员来说，要想有签字权的话，CPA 证书是必不可少的。对于一些事务所来说，CPA 证书也是升职必不可少的条件。

4. 学习文化

事务所是一个逼人进步的地方，因为不同职级负责的工作是不同的，所以各位需要快速适应环境。当然，"四大"很人性化的地方在于其培训体系非常完善，所以各位不用完全依靠自学或者前人引导去适应下一阶段的工作，它们有大量的线上线下培训课程，给各位提供相关的帮助。而这份"来自公司的关爱"是贯穿整个审计生涯的，即便各位到了合伙人层级，公司还会有合伙人培训课程"大礼包"定期赠送给你。

5. 跳槽文化

很现实的一点是，很多人加入"四大"的初衷都是好跳槽。的确，相比于很多工作来说，四大审计是一个比较好跳槽的工作。所以，如果各位能成功加入四大审计部门的话，会发现身边的人一年比一年少，能一直坚持下去的人并不多。反过来想其实也不是坏事，毕竟这些人还能走得掉，总比想走却走不了要好很多。

2.5　审计的晋升路径与跳槽路径

1. 审计的晋升路径

首先要说明的是，这是在较为理想化的情况下做的介绍，至于不同职级的薪资信息，由于较为敏感，就不在这里做说明了。

工作年限	1—2年	3—5年	6—8年	9—11年	12年以上
职级	初级审计员	高级审计员	审计经理	高级审计经理	合伙人
主要工作内容（简要介绍，不同项目可能有不同安排）	项目前期准备、内控测试、部分简单科目实质性测试、分析性程序、附注编制等	项目前期准备、部分复杂科目实质性测试、部分合并报表的编制、审计团队管理、审计底稿初步审核、对接项目团队与项目经理、预算管理、与客户沟通审计调整事项等	部分合并报表的编制、确定重要性水平、管理多个审计项目、审计底稿第二次审核、与客户沟通审计调整事项、为审计报告签字等	管理多个审计项目、审计底稿第三次审核、为审计报告签字、客户拓展等	管理多个审计项目、审计底稿最终审核、为审计报告签字、客户拓展等
其他准备	尽早通过CPA考试	需通过CPA所有考试，否则可能影响晋升经理	（1）其他考试准备，以丰富自己的资格证书体系（2）建立人脉资源体系	（1）其他考试准备，以丰富自己的资格证书体系（2）管理人脉资源体系，为晋升合伙人做准备	管理人脉资源体系，为晋升更高级合伙人做准备

2. 审计的跳槽路径

从上面的表格各位可以很清晰地看到不同职级的人拥有的不同经验，因此，审计人员在不同阶段会有不同的跳槽方向。通常来说，审计到财务、财务分析、财务BP（业务伙伴）、财务咨询、内审、风控、券商前台、私募基金等是一个比较匹配的路线。如果要彻底转行去做广告的话，可能一切都需要从头开始，毕竟各位之前的经验对做广告来说不是100%对应的，被压职级也是非常自然的事情，其他领域同理。当然，这里并不是说工作1—3年的人就只能去做财务，工作4—6年的人就都要去券商的意思，同样跳槽去做财务，早期跳槽的人可能是去做财务专员或高级财务专员，如果以经理级别跳槽去做财务的话，可能就是财务经理、财务主任了。

2.6 审计工作逻辑——以一个年审项目为例

2.6.1 内审与外审的区别

在介绍这部分内容之前，笔者想先明确一件事情，本书所讲的"审计"指的是外部审计。外部审计与内部审计的本质和目的是不同的，但方法和思路却有异曲同工之妙。为了便于理解，各位可以把外部审计理解为：由独立第三方提供的审计与鉴证服务，目标是：对公司财务报表是否按照公认会计原则的要求真实公允地反映公司的财务状况和经营成果发表意见。一定程度上，它对上市公司披露的财务报告负责，且有一定的强制性，凡是上市的或者即将上市的企业都需要经历独立第三方审计。而内部审计则可以理解为：依附于企业内部的重要部门而存在，它是非强制的，主要目的并非只为了财务报表，还有做好内部控制工作，从根源上合理规避一系列对企业不利的风险。当然，由于方法和思路的相似性，企业内部审计一直都是事务所审计人员跳槽的热门岗位。

2.6.2 审计项目流程介绍

1. 先来假设一个审计项目

为了让各位看得更清晰一些，这里用一个比较庞大的年度审计项目来做说明。先来假设一个结构非常简单但业务庞大的公司，毕竟审计的对象是客户公司，我们的项目和工作要怎么安排，一定层面上取决于客户"长什么样子"。

假设 A 集团是一家拥有多个业务方向的上市公司，旗下业务涉及房地产、旅游、制造、高科技等，每项业务都做得非常成熟且庞大。A 集团的整体结构可以简单地分为三层：第一层是集团层面；第二层是各业务层面的二级子公司；第三层是依托在各业务层面的三级子公司。每个二级子公司在中国各个城市都有自己的子公司，资产负债表日是 12 月 31 日，审计团队需要针对这个集团公司出具审计报告。

2. 项目安排与准备

一般情况下，针对这类大型公司的审计，事务所会把审计团队分成两个大组，一组负责集团层面的合并工作和整体项目跟进工作，而另一组会包括很多分支小组，它们分别负责某一类业务板块。按业务类型分组的原因是，不同类型企业主要业务不同，那么，自然它们的业务流程、业务风险、审计重点、财务报表"长相"也不同，所以需要不同的组去处理。（这仅限于大型公司，如果客户公司体量较小的话，不用分组完成）

回归正题，在审计项目正式开始之前（注意，这里的开始并不是指 12 月 31 日之前，而是整个审计团队投入正式工作之前，一般会早于 12 月 31 日），团队需要做好一系列前期工作，其中包括但不限于下列工作。

类别	简要说明
人员配置	包括合伙人、高级经理、经理、高级审计员、初级审计员、实习生等
预算安排	包括人员费用（按时间、职级、人数等计算）、出差费用
时间安排	按周期分配，确定关键时间点（如报告编制的最终期限等）
工作安排	按各类人员分配，一般是由 senior in charge（现场负责人）做相关工作分配
工作准备	一些底稿的框架搭建与准备，比如项目还没开始之前可以先把上年数（也就是本期的期初数）贴到底稿里面，以减轻之后的工作量

3. 了解被审计单位及其环境

在 12 月 31 日来临之前，审计团队需要有针对性地完成被审公司的环境了解工作，包括内部环境和外部环境。外部环境包括：宏观政策环境、法律环境、监管环境以及行业环境等。内部环境包括：业务性质、会计准则的选择和运用、经营目标及战略、经营风险及内部控制、绩效方式等。简单来说，环境了解主要是为了在项目开始前大概知道一下：我们要审计的客户是做什么的，用的什么会计准则，目前的企业战略规划是什么，近几年经营得如何，业务还不错吧，有哪些外部因素可能影响到我们的客户。从而提前分析可能有的风险。

环境了解对于一些"开荒项目"(第一次审计的项目)来说尤其重要,因为这是"从 0 到 1"的印象建立过程,在此之后如果没有巨大变化的话,便不用再重复性分析、研究了,只需要了解当年的变化即可。当然,需要强调的是,要进一步了解客户财务报表是否真实公允还需要大量的审计程序,只有环境了解过程是远远不够的。

4. 内部控制测试

12 月 31 日来临之前还有一个非常重要的事情是审计团队需要做的,那就是内部控制测试——有针对性地测试一系列重要的业务及管理流程的合理性和有效性。简单来说,合理性是看各个流程的设计是否有逻辑,如果按照这样的流程去管理是否合理;有效性是指在合理性的前提下,这个有逻辑的管理流程是否被有效地执行。总的来说就是:公司的流程够不够完备,公司有没有很好地去执行这些完备的流程,这二者缺一不可。原因其实很简单,如果流程都是有缺陷的,那也别怪下面的人会钻空子了。当然,即便流程没有缺陷,但实际执行的时候根本没有按照要求来,整个内控规范形同虚设,那这个控制也没有太大的意义。

企业有很多大大小小的管理流程,审计无须对所有流程都测试,毕竟审计的职责是在一定风险之内对财务报表负责,而非企业内部管理。所以审计人员会先分辨哪些是重要的内部控制流程,然后再有针对性地进行测试。一般来说,需要进行测试的内控循环包括:销售及收款循环、采购及付款循环、生产循环、存货循环、固定资产循环、资金循环、会计税务循环、研发循环等。但具体还要根据被审计单位情况来选择,并非绝对。

如果有证据表明,该公司内部控制做得不好的话,那么审计人员在后期执行工作时就不能太依赖该公司的内部控制体系,需要增加后期审计工作量,比如样本量等,以减小整体审计风险。列一个公式,各位就知道内控测试的重要性和必要性了。

AR(审计风险 Audit Risk)= IR(固有风险 Inherent Risk)* CR(控制风险 Control Risk)* DR(检查风险 Detection Risk)

前面说过,审计是一个一定程度上合理保证财务报表真实公允的工作,换个说法，"一定程度上"意味着"一定风险内"，而这个风险指的就是 AR（审计风险），一般来说，审计风险是应该小于 5% 的。如何控制这个风险值呢？主要是控制公式的右边：IR（固有风险 Inherent Risk）*CR（控制风险 Control Risk）*DR（检查风险 Detection Risk）。

简单来说，IR（固有风险）是指：在不考虑被审计单位的内部控制情况下，财务报告的某项认定出现重大错误的可能性，而这种风险是不会因为审计人员的工作而降低的，审计人员只能分析判断该固有风险水平。

顾名思义，CR（控制风险）是指：被审计单位内部控制未能及时防止或发现其会计报表上某项错报或漏报的可能性。

DR（检查风险）指的是：注册审计师通过预定的审计程序未能发现被审计单位会计报表上存在的某项重大错报或漏报的可能性。

检查风险是和审计师直接相关的，假设没有特殊情况，50% 抽样检查和 100% 抽样检查的风险是不一样的。而抽样检查到底要执行到什么程度取决于：①需要把整体 AR（审计风险）控制在 5% 以内；② IR（固有风险）和 CR（控制风险）的大小。而内部控制测试就是为了测量出 CR（控制风险）的大小。

回到内控测试，什么是内控缺陷呢？比方说一个企业的出纳（管钱的）和会计（记账的）是同一个人，又管钱又管账，那么可以合理地怀疑，这个会计/出纳是有舞弊风险的，虽然不能说他一定会舞弊，但权责未分离这个设置总归是给了这个岗位的人舞弊的机会。那么审计人员自然会认为：这是一个内控缺陷，这直接导致我们在之后执行相关实质性审计程序的时候，要做更多的工作来降低整体的审计风险。

实际工作中，审计人员一般会通过内部管理文件形成简单的内控流程框架，再去跟不同部门的人进行访谈，从而确定公司最新的流程情况。在获取了完整的流程信息之后，审计人员会有针对性地识别这个流程中的关键控制点是否完整。而"关键控制点"的判断标准，一定层面是看它对财务报表的影响。

如果做完相关工作之后没有发现什么问题的话，就可以假设内控流程在设计上没有大缺陷，那么就可以进行到下一步——有效性测试。各位应该都听过"穿行测试"这个词语,穿行测试其实就是内控测试的一个方法,以测试内部控制流程的有效性。怎么做呢?很简单,假设这个内控流程被有效执行的话,那么,任何一个最终形态的样本,一定是经历了前面所有流程才产生的。所以审计人员会抽取一定数量的样本,然后从头到尾把这个流程中产出的各类相关材料都收集起来,逐个核对是否按照流程被执行。

5. 进入年审

一些项目会在 12 月 31 日前安排预审工作,以减轻之后年审工作的压力,各位可以把预审理解成提前做一些年审的工作,而团队安排之类主要是项目管理类工作。这部分暂时忽略 IT 审计工作,因为对于"四大"来说,IT 审计一般由风控部门来执行,并不需要审计部门人员来执行。

好了,现在来到新一年的 1 月 1 日,假设元旦不放假的话,那么 1 月 1 日就是正式要开始年审的时间了,这也意味着审计忙季的开始。这时候,不同项目的人员开始自己的现场审计工作,乘坐各类交通工具到各个子公司所在的地方。(注意,不是所有审计项目都需要下现场工作,这一定层面上取决于预算和团队安排。审计人员安排现场工作的主要目的在于:盯着客户交材料会更快一些;沟通更方便;现场盘点的必要性)

忙季的持续时间取决于项目的大小,不过无论如何,1—4 月都是审计最为忙碌的时候。在此期间,负责执行公司层面工作的审计人员会被分成很多小组,每个小组负责一个片区的公司,在公司层面审计工作完成之后,再回到办公室或者客户总公司完成后期的工作。

(1)各重要科目的实质性程序

各重要科目的实质性程序是耗时最多也是最重要的部分,因为从理论上来看,财务报告披露出来的各个数字应该都是经过审计的。当然,这并不绝对,因为审计人员会针对风险来分辨哪些科目需要审计,哪些科目可以不用执行程序。而风险取决于两点:其一是科目性质,比如银行存款就是一个非常重要的科目,即便余额为"0",也需要对其进行审计;其二是科目占比,每个科目都有其重要性的依据,这里就不多提了。

简单梳理一下实质性程序的流程：一是判断是否需要对科目执行程序；二是判断科目风险；三是针对不同风险执行审计程序。每个科目都有不同的风险，所以针对不同科目自然会有不同的审计方法，下面用一个简单的例子来讲讲逻辑，希望各位可以了解一下审计的本质而不是去背内容。至于完整的审计流程和各类专业词汇，各位可以参考审计教材，那里会完善得多。

这里用销售费用科目做例子，销售费用是来自产品、半成品销售以及劳务提供过程中产生的一系列费用，比如广告费、销售机构经费、市场活动相关费用等。一般涉及的会计分录是：

借：销售费用
贷：应付账款/银行存款/应付职工薪酬等

从现在开始，各位尝试站在审计人员的角度思考。首先，假设这个科目的金额较大，达到了被审计的标准，不属于可以不执行程序的科目；再者，需要思考该科目的相关风险：少记、多记、错记；最后，在了解相关风险之后，需要设计一系列审计程序去测试该科目是否有少记、多记、错记的情况。

接下来就是一系列审计工作。（注意，不同项目可能有不同的执行程序，这里只给各位提供一种思路）

1）基本核对

在执行工作之前，审计人员可以通过客户的内部财务系统获取销售费用明细账，这是为了获取每笔相关分录的发生时间、金额、明细等信息。当然，审计人员在拿到各类客户提供的数据与材料后必须要进行检查，比如简单的数据加总、与上年期末数的核对工作（按正常逻辑来看，上年期末数等于当年期初数）等，这样才能保证最基本的数据是对的。

2）明细核对

明细核对的意思是进一步看该科目各细分类是否准确，这一方面是为了更好地完成该科目分析程序，另一方面是方便样本抽取时有一个大致标准。当然，该过程还有另一个较为长远的目的——财务报告。财务报告是需要针对部分科目做附注的，附注中比较重要的部分是明细分类和相关披露，而在明细分类中，归属于"其他销售费用"的金额理论上不能大于5%，所以审计人员需要从一开始时就做好分类，不然到后期做附注的时候就理不清了。

3）分析程序

通过环比分析、同比分析及"销售费用/收入"比例分析等方法，先看一下这个科目的波动和走向是否合理。如果有异常或不合理的情况，审计人员可以先询问客户原因，初步判断该原因是否可以接受。当然，审计人员需要保持一定的怀疑态度，不能客户说合理就合理，需要查看相关的材料去做进一步判断。

4）抽样检查

根据金额、性质、发生时间等因素完成样本抽取，并且获取样本的相关支持性材料（比如合同、发票、工资单、转账证明等），再逐笔核对每一个样本的情况，从而检查它们的金额是否记录准确、期间是否记录准确、科目分类是否准确、具体类别分类是否准确。在这个过程中，审计人员需要记录每一个核查的文件类别与关键信息，这样方便上级检查。如果在检查过程中发现金额较大的错误，则需要及时跟客户沟通调整。

5）钩稽关系检查

举一个简单的例子，如果销售费用明细里有员工工资的话，那么审计人员就需要和对应的应付职工薪酬科目明细去进行钩稽关系检查，这种检查是为了尽力避免最基本的逻辑错误。当然，大多数时候钩稽关系检查是合并层面去做的事情，并不需要每一家都单独执行。

（2）各重要科目的分析性程序

各位可能会觉得有点绕，上面刚刚说了一个分析性程序，现在为何又来一个分析性程序。其实它们本质上是一样的，前面的分析程序是审计人员在对每家子公司执行审计工作时做的，而各重要科目的分析性程序是在做完每一家的审计工作之后，从各科目合并的角度完成的分析性程序。执行该程序的主要原因是：再次梳理异常情况，确保没有遗漏。

各位应该不难发现，前面是每一个细小的"组成"，后面是一个加总的

"大数"。如果审计人员发现"大数"有什么异常，往往是由于其中的一些"组成"的异常造成的，这时候只需要找到相应的原因即可，因为理想情况下，审计人员在执行每家子公司的审计工作的时候就已经发现这些异常了。

（3）报告编制

审计团队终于迎来了最终产出的时候，也迎来了最容易产出"通宵"的时候。其间，审计团队需要确定各科目的最终数据，完成钩稽关系检查、基础数据核对工作，并且整合好各科目的明细及披露信息，再根据会计准则要求完成报告编制工作。而对于负责集团层面合并的审计人员来说，他们在整个过程中需要不断向各个分支组索取做合并报告所需要的相关信息，以及集团层面报告披露所需要的各类信息，以便生成集团层面的报告。

（4）期后事项

在整个年审过程中，可能会有一些期后事项发生，有些属于要调整的项目，有些不需要调整但需要进行相关披露。这取决于该期后事项的本质，审计过程中也需要给予关注。

offer

第3天
求职规划

3

第三章

求职规划与路线搭建

3.1 你是否适合审计工作？

在正式进入到职业规划之前，笔者希望能站在比较客观的角度为各位梳理一下审计的"好"与"不好"，如若能闯过这一关，各位就可以静下心来慢慢学习之后的所有内容，好好准备审计求职了。

1. 喜欢：和数字打交道，并且喜欢探索数字背后的故事

审计并不是一份只对着数字的工作，财务报告是"多个过去故事"的集合，虽然可能比较难从财务报告中直接看到未来发展（毕竟审计的是过去年度的财务数据），但其背后的探索其实是非常有趣的。

很多学会计的学生应该接触过财务分析的相关知识，但大多数学生所学的知识仅限于一些公式的记忆和计算，说实话，如果只做到这一步，其作用只是：通过考试，之后从事相关工作不至于白纸一张。除此之外并没有什么实质性的作用，因为财务分析的本质是看清楚这些数据的背后原因是什么，这样才能知道怎么做可以变得更好，其实这通过审计的分析性程序就可以看得非常清楚。

假设各位是天生好奇的人，那么可以结合被审计单位的战略去探索数据背后的故事，你看到的即将是：A 公司处在一个什么样的外部环境和内部环境里，高层做了哪些规划并且落地执行。规划落地之后，其成果体现在财务报表上是什么样子的。到底有没有做起来呢，哪些城市/子公司做起来了，是因为战略做得好，还是行业/宏观层面的原因。这些都是依附于审计但游离在审计工作之外的有趣问题，当然，要不要去深入思考，体会其中的乐趣，这完全看个人。

进一步说，外部环境和战略规划可以在"了解被审计单位环境"环节了解，内部管理可以在"内部控制测试"过程中了解，至于财务报表部分，各位不仅可以在报表日左右拿到最新鲜的财报，还可以检查这个报表是不是真实公允的，是不是真的做得很好。当然，各位要彻底看清的话还需要看看同行业其他企业的情况，因为"好与不好"一方面可以跟历史情况比，一方面还必须跟同行业比才能得到最客观的评价。当然，熟知财务报表分析各种公式的各位，只需要拉一下数、做个简单计算就好了，这样，财务分析才算是做完整了。

再来个题外话，其实很多学生目前都处于闻"咨询"就开始两眼冒光的阶段，但其实仔细思考一下，审计中的内部控制测试又何尝不是去了解企业内部管理呢，从上到下，从财务到非财务，不都是在梳理流程找缺陷吗？审计人员看到缺陷的时候难道只是偷偷记录下来打小报告，不给客户指出来顺便给点意见吗？而管理咨询在了解客户的时候不也一样要从客户现有的管理方案中提取关键信息，再通过对相关部门人员的访谈了解更深层的东西吗？当然，笔者并不是说这两个工作是完全一样的，不然人家也不会叫"管理咨询"了，只是方法论有异曲同工之妙。此外，这二者关注的角度不一样，审计关注的是 CR（控制风险）程度，而管理咨询是为了帮助客户达到某一目的。

2. 喜欢：超长假期，以"年"为单位的生活工作平衡

审计人员加班是要给工资的，每个月加班超过上限是可以换成假期的。这其实不难理解，因为说实话，审计不算是一个工资非常高的工作，忙季加班又很多，如果没有点加班工资和差补，估计是留不住人的，再悲观一点，都不说留不留得住了，估计学生都不乐意去。

为了弄清楚所谓的"超长假期"来源，先给各位介绍一下加班时间的计算方法。对于"四大"而言，如果加班时间在 36 小时以内，公司会按照工资比例给对应时间的加班费。但超过 36 小时的部分，公司是不会照算加班费的。所以，现在来做个假设，按正常来说，一天的正常上班时间是 8 小时，中午吃饭时间是 1 小时，所以如果各位每天早上 9 点上班，那么正常下班的时间应该是下午 6 点。所以从理论上来看，在工作日，如果严格按照 8 小时/天、早上 9 点打卡上班、下午 6 点下班的标准来看，超过的时间都是要算加班的。当然，这有一个前提，即假设各位所在的项目人性化到可怕——不克扣任何加班时间。

按照工作日加班 1.5 倍计算，非工作日（这里我们不考虑 3 倍工资的法定节假日情况）加班 2 倍计算，假设各位在忙季时候每天加班到晚上 10 点，周六、周日加班 8 个小时，一个月按照"4 周+2 个工作日"计算的话，那么一个月内，各位的加班时间总数是：

[4（周）*5（天）+2（天）]*4（小时）*1.5（倍）+4（周）*2（天）*8（小时）*2（倍）=260（小时）

通过上面的计算可以看出：一个月的持续加班后，各位可以换做假期的小时数是"260（小时）–36（小时）=224（小时）"。如果按照"8 个工时 = 一天"来算的话，那么各位可以换做假期的时间是 28 天。注意，这 28 天指的是工作日，而一周只有 5 个工作日，所以合计来看会发现：每天加班到 10 点且周末双加 8 个小时，换来的假期是 5 个星期加上 3 个工作日。也就是说，在最理想情况下，各位可以用一个月的加班换来 38 天的假期！

看到这里可能很多人会嘴角上扬，一些人会想着"哇！这么爽么！"，一些人会想着"做梦吧，跟我扯呢！"。可惜的是，真理掌握在后者手中：这怎么可能呢？做梦吧。接下来这一段让各位回到现实，回顾一下刚才的形容：假设各位所在的项目人性化到可怕。这里有两个关键词：人性化、可怕。所以真实的情况是不可能这样算的，"社会"之所以为"社会"，是因为它有"社会"的一面。

一般来说，工作日加班到晚上 12 点，然后算 3 小时加班时间已经算是非常人性化的情况了，而周末加班不论是不是 8 个小时，平均下来能算 3 个小时加班时间已经可以了。当然这并不绝对，不同项目的加班强度和计算方式不一样，这取决于项目的工作量与预算，工作量取决于客户整体情况，而预算取决于客户给的审计费用。

回到现实来算一笔账，现在假设各位处于年审最忙的三个月，即 1 月、2 月、3 月，在这中间各位有 7 天的春节假期和 3 天的元旦假期，还有项目没那么忙的时候会放的 1 天周末假期。假设共有 10 天周末，那么在这种情况下，各位可以积累的加班时间大概是 258 小时（估算），扣除每个月 36 小时算加班费的部分，剩下的 150 小时可以换成大约 18.75 天的假期，折算下来约为 4 周。说到这里各位应该明白了吧，一个忙季下来，"收获一个月左右假期"的想法是可以有的，再加上年假和考试假，各位可以好好休息很长一段时间。当然，如果各位选择不休息而是学 CPA 的话，也算是另一种平衡方式了。

说到这里，各位应该不难理解"以'年'为单位的生活工作平衡"了吧。就笔者自己来看，我是不太喜欢每天朝九晚五规律生活的，因为这很乏味，回到家除了看肥皂剧之外，可能也没有足够的时间玩其他东西，但如果给我一个月的时间可以随意玩耍的话，我会觉得：好的好的，忙季的辛苦都是值得的。

3. 喜欢：未来有更多的发展可能

要讲清楚这部分，需要先说一下审计工作的本质，这样各位才看得清楚审计工作为什么可以给你带来更多的发展可能。

首先，审计工作可以让各位接触到更多行业与企业，为"快速积累行业经验"提供了非常好的平台。"四大"属于传统意义上的"乙方"，所以如果各位加入"四大"做审计的话，一般来说是可以接触到多个项目的，自然也能很快掌握扎实的、覆盖不同行业的审计与财务知识。当然，如果各位被分到了固定行业组也没有关系，因为各位不会一直只做一家公司的审计项目，即便处于同一行业，也可以看到不同风格的公司，从而积累更多的该行业经验。

其次，多方面能力培养与知识储备。用最简单的话来说就是，要做好审计，必须要知道：①在会计准则下，各类科目和报表应该怎么做才是对的。②作为审计师，我要执行什么程序才可以一定层面确保它没有重大错报。所以如果从事审计工作，就相当于有两重身份，其一是财务会计，其二是审计人员。相比传统财务人员，审计人员虽然可能在日常账务处理和其他报税报销等工作上稍有劣势，但就对财务报表的整体把控和审计方法等方面来说，审计人员的成长速度和知识丰满度是大于传统财务人员的。这个规律不完全适用于所有的审计从业人员和财务会计从业人员，笔者只是从工作性质上做一个趋势分析。

最后，各阶段划分明确，职业发展路径清晰。回顾笔者在上面提到过的四大审计晋升路径与每个阶段主要负责的工作，各位应该不难发现，审计师在每个阶段都会有不同的角色与主要任务。比方说从第三年开始，各位可能需要带领团队的新人负责某一板块的审计工作，到第六年升到经理，各位会有非常多的机会锻炼自己的项目管理能力，而这些都是各位可以提前看到的职业发展路径。

综上所述，"四大"可以给各位提供一个行业及企业层面经验积累、扎实的审计及财务知识积累、项目及人员管理能力培养的平台。虽然这三类能力不能帮各位打遍天下无敌手，但对一些财务类、审计类、财务风控类等工作来说，"四大"毕业的人还是很受认可的。

4. 不喜欢：忙季加班成性，出差到处飞，几乎没有个人时间

笔者想先提一句：并非所有的项目都有非常多的加班和出差，不然，"四大"也不会有福利项目这一说了。稍微解释一下，所谓福利项目，整体上来说有两个特点：①加班没有过于严重；②加班费给得还算合理。各位不要问"如何进到福利项目"这个问题（此时此刻打字的我仿佛穿越时空般读到了你们的疑问），笔者只能告诉你：看命。当然，如果各位的社交能力够强或者刚好认识相关组的人的话，说不定可以让福利项目的经理把你从"深渊"里救出来。

相信各位应该从各个平台听过或者看过一些贬低"四大"的言论，其

实来来回回也就那些，比如："在四大审计根本学不到东西，三年就是瓶颈了""按小时工资来算四大审计薪资的话，是很低的""'四大'加班很辛苦，每年都有类似的新闻出来，你们没有听说吗""在'四大'出差太多了，还不如不租房子呢""在'四大'谈不了恋爱，因为一直在加班，仿佛异地恋，该分的都分了""'四大'不行了，十年前工资6 000元，现在还是6 000元，真不行了"。（当然现在肯定不是6 000元）

　　工资水平、是否能学到东西、感情婚恋问题这里不多说，主要因人而异，拿个例当范例本身就非常不靠谱，所以笔者想客观地谈一下自己认为审计很让人抓狂的地方——忙季。

　　问："忙季辛苦吗？真的那么辛苦吗？"
　　答："是的，真的那么辛苦。"

　　拿自己做过的年审项目来说吧，具体哪一年不记得了，具体的项目名称在这里就不多提了。该项目是从11月左右慢慢进入正题的，但其实在11月和12月并没有那么忙，只是出差到几个城市执行预审阶段的工作。到1月，忙季就真正开始了。忙季期间，除了春节期间的七天假期，笔者在1月到3月就基本上没有休息过，可能中间偶尔休了几次周末和Happy Friday（很多企业都有的文化，硬翻译的话叫作"快乐星期五"，指在周五会稍微早下班一点点，为了愉快的周末），其余时间都在加班。加班到晚上12点是非常正常的事情，偶尔还会到凌晨甚至熬通宵，第二天继续上班。

　　当然，别忘了1月、2月还要跟着小团队到不同的城市执行现场工作，到不同的城市加班，然后回到原本的城市继续工作，天天加班。接着4月初慢慢结束上一个年审项目，然后又被拉到了新的项目组，继续出差到5月，去遍各个城市，继续天天加班到12点赶进度……

　　当然，辛苦工作的后面是更好的跳槽机会和悠长的假期，各位可以自行判断这是否值得。在笔者看来，审计是一个可以"走掉"的工作：如果我有一天不希望这么辛苦了，我大可以找下一个雇主，或者我可以接受这样的强度，一直内部晋升，到了经理层级会有更多的自由时间和更多的收入，也算是熬过坎了。

5. 不喜欢：枯燥乏味的工作

一定层面上，笔者认为审计的枯燥和乏味是人们会对这份工作产生"学不到东西"想法的主要原因。各位可能会觉得矛盾，为什么笔者在之前把审计描述成一个可以学到各种知识的工作，现在却又说这个工作很无聊呢？

其实从大方向看就不难理解了，就审计方法来说，前面只是说了大致的工作逻辑，但假设各位按照一套逻辑去做 30 次同样的工作的话，可能慢慢就失去了最初的兴趣，从而觉得一直在不断重复。会让各位产生"重复性"感受的例子数不胜数，假设各位现在做一个科目的抽样，刚好有 100 个样本，于是在较短的时间里各位可能一直都在重复地检查这些样本的相关支持性材料。

笔者不否认以上提到的工作会比较枯燥无聊，也有部分人在最初期的审计职业生涯就抵挡不住工作的无聊与压力辞职了，但其实从长远发展来看，没有人会一直做抽样这样的基础工作，随着经历增长，各位总会被安排做更复杂和有技术性工作。

这里只是挑了一些四大审计非常明显的优缺点做说明，各位无须太过于痴迷它的优点，也别只看到一点不好的地方就赶忙逃脱。记得曾经有个学生参加合伙人面试的时候，对方跟她说："四大"并没有外界说得那么不堪，当然也并没有人们想象中那么华丽。其他行业也同理，不同的行业和岗位都有自己的优劣势，各位不要只想象美好的部分而忽略掉不好的部分，这样进入职场之后会有很大的落差，这并不是一件好事。当然，各位也不要看到灰暗部分就迅速逃离，这会错失很多求职的机会，也不是一件好事。

3.2 自我分析

3.2.1 SWOT 分析法

在做 SWOT（优势、劣势、机会、威胁）分析前，先来讲讲主要关注的分析因素，做好因素分析之后，各位就可以在 SWOT 这个小框架里做完整分析了。为了更好理解，我们把相关因素分为四类：硬实力、软实力、岗位需求、竞争情况。

1. 硬实力与软实力

硬实力的参考依据是：学校档次、专业相关性、成绩、资格证书、实习经历、受认可的学术成果或者比赛经历等。而软实力是一些对于工作来说非常重要，但往往需要面对面沟通或者在工作中才可以慢慢体现的能力。不过，由于招聘特性，一些比较看重软实力的岗位会通过社团活动等经历去推测你是否合格的人选、是否值得一场面试。软实力一般包括：领导力、抗压力、沟通能力、组织协调能力等。

硬实力和软实力的关系其实比较简单，前者一定层面决定各位是否能够胜任这份工作，而后者决定各位是否可以很好地在特定的环境里完成工作。有时候这两个能力并非完全分开的，举个简单的例子：学校、成绩和专业一定程度上会作为学习能力这个硬实力的判断标准。这也是很顶级的咨询公司不太会去目标院校之外招聘学生的原因之一，因为学习能力对于咨询类工作来说非常重要，咨询公司并不需要通过一次又一次的面试来测试所有候选人的能力，学校背景和成绩水平已经足以为它们缩小范围了。还有一个很简单的原因是，MBB类的咨询公司每年招聘的应届毕业生本身就不多，所以它们不需要把网撒得过大，也有足够多的顶级学校学生会投简历。这是个很现实的问题，有时候除了曲线救国和放弃两条路，可能在较短的时间里是不太会有什么突破性改变的。

2. 岗位需求

岗位需求的意思是，针对某类特定的岗位，它的用人偏好是什么。换句话来说就是：什么样的人会更适合这个工作。比方说技术性岗位可能更需要有相关的技术背景，零基础的人可能无法胜任这类工作，这属于硬实力。除了硬实力外，部分岗位也需要较强的软实力，比方说和客户打交道的工作，就需要沟通能力较强的人，另外，应变能力也非常重要。其实不难发现，这些所谓的能力大多是根据岗位的实际需求来设定的，当然，也有部分能力是为了契合公司的文化，公司文化不尽相同，这里就不做过多介绍了。

3. 竞争情况

竞争情况的意思是，针对某类特定的岗位，你的竞争对手水平如何。如果上面所提到的是关于能不能胜任、适不适合一份工作的标准，而竞争情况指的是：相比于其他对手，你是不是更能胜任、更适合这份工作。这一点是所有因素中最难把控的，由于数据信息缺乏，各位可能很难看出自己与竞争对手的对比情况。有两个比较简单的方式可以做参考：一是和身边的人相比，比方说你的同学、朋友都在申请一个特定的岗位，那么你可以参照一下自己和他们相比水平如何；二是找到近些年拿到 offer 的人（注意，时间间隔不要太久，不然没有参考价值），参考一下他们整体的背景情况。

理清楚应关注的因素之后，我们把"硬实力""软实力""岗位需求""竞争情况"这四个部分与 SWOT 框架联系起来。硬实力和软实力都归属于 SWOT 中的 S（优势）和 W（劣势），岗位需求决定了哪些优势和劣势是需要被考虑的。比方说各位具有"熟练掌握阿拉伯语"这个能力，并自以为是一个优势，但申请的岗位根本没有对阿拉伯语的任何需求，且以后大概率也不会有，那么这个能力根本就不需要放在我们的框架里做分析，因为"会不会说阿拉伯语"这点不会对各位的求职有任何影响。

同理，竞争情况将决定某个软实力、硬实力的分类。比如各位 CPA 考试已过了 3 门，觉得自己专业技能是没有任何问题的，但目前市面上竞争的人 CPA 通过门数大概是 4—6 门，那么通过 3 门相对于平均水平来说，就是不足的，这就是各位的劣势。因为企业不大会认为：3 门足够，你来吧，我们不需要 6 门全过的学生。现实的情况是，它们只会跟随"水涨船高"的逻辑，在当下所有学生中选择各方面背景更好的。如果各位想打败这些竞争对手的话，就需要在其他方面更胜一筹，比如沟通能力、领导力等，让面试官认为各位在软实力方面更适合这份工作，即便目前有一点劣势，也是之后努力一下可以赶上的。当然，这主要取决于 HR 和面试官的判断，除非有相关规定说"CPA 为大"。至于 O（机会）和 T（威胁），各位可以简单一点理解为，前者是在整个求职过程中可以把自己"卖出去"的点，而后者则是与机会对立的不利因素。

为了让各位更清晰地理解"构建SWOT"的意思,接下来会举一个比较详细的例子。不过,在举例之前,笔者想要强调的一点是:不要认为SWOT分析只适用于求职规划环节。因为明确自己的优劣势可以让各位看清楚哪些优势是你可以在面试中着重突出的部分,从而增强你的竞争力,反之,又有哪些方面是你处于劣势的,这样可以提前进行弥补,或者当弥补已经为时过晚,各位要知道找什么样的说辞能让对方理解,而不是让对方认为你没有能力,从而直接挂掉你的面试。

我们先来假设一个"路人甲"同学,这位同学非常想去四大审计,所以我们按照四大审计的普遍偏好来设定评判的关键指标(学校背景、专业水平、相关经历、英语水平、学习能力、分析能力、沟通能力、领导力、团队精神、抗压能力),该同学目前的背景情况如下。

相关能力	水平描述	相关证据
学校背景	中等	普通211本科、全球排名前100海外硕士
专业水平	中等偏下	本科专业为语言学,研究生专业为会计方向,无任何相关证书(ACCA、CPA)
相关经历	中等偏下	仅有一份财务实习,其余实习均与财务/审计无关,且实习公司整体实力一般
英语水平	中等偏上	雅思7.5分,大学英语四级及六级均550分以上,口语较好
学习能力	中等	学校水平一般,且成绩排名为班级中游,奖学金情况一般
分析/逻辑	中等偏下	较少相关课程,无任何商业比赛经历,案例面试中反应较慢
沟通能力	中等偏上	单面及群面中与各类人群沟通顺畅,表达自信
领导力	中等偏上	在各类学生组织中担任领导角色,群面中后期作为小组领导控制进度与节奏
团队精神	中等偏上	参加各类学生活动,在群面中体现出团队精神
抗压能力	中等偏上	压力面中表现较好,且单面中"压力案例"问题应对较好,有理有据

所以,结合这位同学的背景和工作的基本需求来看,我们可以得到如下分析结果。

S（优势）	O（机会）
英语水平	可以争取做案例面试中的汇报者，一方面增加小组贡献与自信，一方面表现英语能力
沟通能力	在群面中多发言、多做贡献，有更多参与感，从而让面试官认定你是一个相比于其他成员更优秀的人选
领导力	领导者无疑是整个小组中最突出的，一方面让面试官认为你更加优秀，另一方面让面试官认为，未来晋升到管理层时，你会更游刃有余
团队精神	团队精神是各类工作都需要的，在面试中体现出这一点会让面试官认为，你是一个很好的团队成员，未来加入公司后可以很好地和同事合作
抗压能力	审计是一个压力不小的工作，较强的抗压能力会让面试官认为，你可以扛得住之后的一系列工作压力，是可以胜任这份工作的

W（劣势）	T（威胁）
专业水平	整体匹配度不够，且单面如果遇到专业问题会比较麻烦
相关经历	很难向面试官表明决心，因为欠缺相关经历意味着你可能对这个领域并不是非常了解，面试官会怀疑你的忠诚度
分析/逻辑	在案例面中想法较少，可能会陷入"想说却不知道说什么"的困境

这样，整体的优势以及劣势便一目了然了。当然，如果思维发散一点其实不难发现：个人 SWOT 分析本质上是为了看清楚自己目前的处境。但要想充分利用这个分析结果，还需要进一步思考：现在这个处境的自己应该怎么做才能顺利拿到理想的 offer。那么，倘若该同学目前仍处于准备阶段，离正式的求职期还有一段时间，那么对于专业水平、相关经历、分析能力等板块，就还有弥补的余地。

3.2.2 SWOT 进阶使用方法——背景提升

假设目前各位仍然处于"准备求职"阶段，而非"正在求职"阶段，换句话来说，如果各位处于"还可以做点什么来优化自己的整体能力、丰富自己的经验"阶段的话，那么针对一些比较重要的点，各位可以采取以下提升方式。

1. 硬实力

硬实力指的是那些可以被"肉眼看到"的能力,那些可以被写在简历上,增加各位求职筹码的能力。

(1) 学校背景

学校背景是不太好改的,只能反思当年高中的自己为什么不好好读书考一个好学校,当然,这种时候说"风凉话"已为时过晚,我们只能假设如果还可以更改的话,各位可以用的方法。假设你目前是一个有条件的本科生,其实可以考虑通过读研去提升一下整体的背景。而读研对各位来说可能面临着两个选择,一个是考研/保研,一个是留学。前者来说,如果是保研的话,在笔者看到的案例里,保研到明显更高一层学校的学生不算太多,所以各位如果是本校保研且本校整体排名和认可度不够高的话,要慎重思考一下是不是接受。如果是考研的话,在专业和学校二者之间,笔者建议各位选择更好的学校,因为就四大审计来说,各位完全可以通过注会考试来弥补专业方面的劣势,同时,研究生所学专业还可以给各位开辟一条新的职业道路,何乐而不为呢。

再来说说留学,其实对于留学来说,各位可以有更多的选择,中国香港、英国、美国、加拿大、澳洲、法国等,都是留学的热门选择。当然,各位在选择 offer 的时候还是要考虑一下学校的排名和专业,如果读一个偏理工科的专业,那么排名可以适当降低,因为各大高校的会计学毕业生实在是太多了,而目前各行各业都开始偏向要理工科背景的学生,综合看来,偏理工科背景带给各位的好处会更加明显一些。当然,如果都是商科类的比较偏理论的专业,那么学校的名气和排名就非常重要了。这里再提一句,各位在对比国内和国外留学的时候不要只看学校的全球排名,比方说清华、北大可能在整体排名上不及一些澳洲学校,但就普遍情况来说,清华、北大的研究生在国内的认可程度可是远大于那些澳洲学校的。好了,既然这本书不是在写留学攻略,我们就点到即止了。

(2) 专业水平

专业水平可以通过两个方面去做提升,其一是可能不太容易更改的专业,但是针对本科生来说，其实也不是完全不可以弥补，如果你是学语言专业的，那么在大学的时候完全可以通过辅修一个专业去开辟新的道路，因为读两个专业的人其实还是占少数的，能把第二个专业念完且获得还算不错的成绩的话，一方面证明你是一个有一定抗压能力的人，一方面证明你在某个领域也不是完全没有任何相关知识。其二的话很简单，就是通过考各类资格证书去弥补。对于研究生来说，想去"四大"的话，注会考试非常热门，并且注会考试并不只是财务、审计这类工作需要，投行也非常看重这个考试。当然，如果你是一个本科生的话，可能目前还不能报名考注会，但有一些替代的考试，比如CMA（美国注册管理会计师）、ACCA（国际注册会计师）、CIMA（特许管理会计师公会）、CFA（特许金融分析师）等。当然，这类考试各有优劣势，如果各位想去投行/券商工作的话，那么CFA是一个更适合的考试，但通过CFA一级的人非常多，所以各位要考到二级及以上，才会有较明显的竞争优势。如果各位想从事财务、审计类工作的话，相比之下ACCA会更加全面，它不仅包含会计、审计、财务管理、税法等科目，还有公司治理、战略等，可以为各位提供比较完整的培训体系。ACCA的缺点是考试科目太多（13门），当然，如果各位有5门课程免考的话，就会轻松不少。CIMA和CMA考试科目不像ACCA那么多，但整体认可程度是不及ACCA的。当然，如果各位已经不是一个本科生了，且打算在中国内地工作的话，那么CPA的用处是远大于ACCA、CMA和CIMA的。如果各位本科阶段已经考了很多门ACCA考试，研究生阶段只剩下一两门，那么也可以考完ACCA，再准备CPA考试，具体情况具体分析，这里就不多提了。

（3）相关经历

相关经历不是必需的，但也有一定的用处。一方面，各位有相关的实习之后，会对工作的本质有更深刻的理解，也更懂其中的术语，那么在面试时回答"对××的理解"和"为什么选择××"这类问题，自然会表现得更出色一些。另一方面，既然在相关公司实习过一段时间，自然更了解它们心仪的候选对象需要的品质。例如天天需要加班，那么抗压能力就是必不可少的，那么在适当的情况下，你可以用一个抗压能力的例子去说服对方,你是适合这份工作的。这里还要多说几句,什么样的相关经历才是最好的呢?就审计而言,第一梯队实习包括:安永、毕马威、普华永道、德勤审计部门的实习。第二梯队实习包括:立信、瑞华、天健等内资所审计部、500强企业财务实习、"四大"其他部门实习、其他较为有含金量但与财务审计并无直接关联的实习(比如咨询、投行等实习)。第三梯队的实习就是一些既没有名气又不是非常直接的实习了,比方说担任银行的大堂经理助理等。

这里笔者想额外提一下的是,如果各位有很多不同类别的实习,那么在写不同行业/岗位的简历时,请一定注意简历的整体故事性,如果各位有5个实习,其中3个是和审计相关的,而另外两个最新的实习和互联网相关的话,那么在写审计版本简历的时候不要写互联网相关的实习,因为如果写的话,会给面试官一种你想转行的错觉。

(4) 英语水平

英语水平可从两个方面来说,一个是门面,一个是真本事。所谓门面就是各位在网申或者简历中直接用到的英语成绩,对很多企业来说,它们对中国学生的基本要求是通过六级考试,而对外企来说,对英语的要求会明显高一些,目前来看,雅思7.0分和英语六级520分是一个比较基本的要求。真本事的意思不难理解,就是各位听、说、读、写的能力,较好的英语成绩会帮助各位在英语这个板块不被网申系统卡掉,但如果只是应付考试,而英语水平很差的话,那就需要好好做相关练习了。其实各种英语考试给各位提供了非常好的学习素材,比方说雅思考试,听、说、读、写的能力都考到了,如果真的不知道怎么练习,完全可以跟着这个考试系统去学习,从各方面提高英语水平。

(5) 学习能力

还是从两点来说,一个是门面,一个是真本事。门面指的是白纸黑字的学校、绩点和一些可以证明自己成绩水平的奖学金;真本事指的是那些可以让各位更快适应工作的能力。当然,比较有趣的一点是,学习能力一般在面试中不太会被单独考核，面试官看学校、成绩和奖学金便可以有自己的判断了。至于提高方法，除了刷分之外，各位也可以尝试一个思维方式：做每件事情的时候思考一下"为什么要做""做了会带来什么""用什么方式做最好""有没有达到理想的效果""如果再来一次我应该怎么做才更有效"这些问题。

2. 软实力

软实力指的是虽然很难描述，但可以在笔试、面试、未来职场中让各位脱颖而出的能力。

（1）分析/逻辑能力

如果各位想从整体上提高自己的分析能力的话，可以尝试从三个方面去锻炼自己：其一，接受比较完整的思维辅导，全方面了解商业/非商业的各种逻辑以及分析路径。其二，进行大量练习，各类案例的分析思路是有一定同质性的，虽然行业/企业不同，需要解决的问题不同，但仍然可以用类似的思路弄清楚解决问题的方向。其三，和同伴一起练习，在和其他人的交流和"较量"中，各位可以更清晰地看到自己的不足，而别人做得好的地方可以作为借鉴，所谓"取长补短，互相学习"，这是个非常有效的练习方式。当然，各位选择的伙伴一定要与自己水平相当或者强于自己，毕竟这是练习，而不是去给其他人当老师。

（2）沟通能力

沟通能力分为两个方面：一是内容构建逻辑；二是表达能力。内容构建在单面讲解中会详细阐述，这里只做一个大概的说明。在所有的面试中，需要认真表达的情况可分为3类：①回答问题。比如，你为什么要来这里？你的优点是什么？你想表达的观点是什么？②讲故事。比如，你这个实习做了什么？你在这个项目中做了什么？③案例中的汇报。例如，把刚刚小组成员的所有讨论整合成一个完整的汇报。

第一类很简单，各位只需要列清楚一、二、三就好了，比方说：我有3个观点想要补充一下，一是什么，二是什么，三是什么。关于第二类，有一个非常适用的原则叫作"STAR"原则：Situation：故事发生的情景；Task：你的任务是什么；Action：你是怎么做的；Result：结果是什么。一般情况下，大多数故事性的事情都可以通过这个原则去说清楚，一方面让对方知道你到底做了什么、怎么做的，另一方面也可以让对方知道你是在什么情况下做的，达到了什么样的效果。至于汇报部分，通常按照"总分总"的思路去说即可，比如，今天我们主要讲的内容是……，我们主要从三个方面去做说明，其一……，其二……，其三……。总而言之，我们认为……，以上就是我们讨论的所有内容。不论是什么类型的题目，找准描述的逻辑和方式即可，所谓逻辑不是说各位必须把每个问题都当作考试那样来对待，而是在大多数情况下，如果按照这样的条理来说，才会更加清晰一点。

表达其实是一个比较简单但又非常复杂的事情，一般情况下，只要多开口，并且逼着自己有逻辑地开口说就好。如果只是写内容的话，各位可能永远没有勇气开口表现自己，如果只是开口说而不注意自己的逻辑和内容的话，各位也不会有什么实质的进步。

（3）领导力

求职中能体现领导力的地方有两个：①单面中的领导力故事；②群面中的表现。在面试官看来，最直接体现领导力的绝对是后者，那怎么把自己锻炼成一个有领导力的人呢？分三点来说：①锻炼实力，各位需要有至少中等偏上的实力，这样才有能力带领团队；②锻炼自己的勇气和责任心，各位不能任由错误的观点把团体带偏；③需要多关注其他成员的想法，这样才能成为一个好的领导者。

对有些岗位来说，领导力是必备的能力。成为群面中的领导者是有好处的，领导者一般在群面中都是最突出的那一位，面试通过率很高。希望各位早日成为群面中的领导者，体会"面一个过一个"的喜悦。

（4）团队精神

团队精神的核心在于"参与"和"倾听"。前者是指，作为团队一员的各位是需要有输出的,而后者指的是,当队友在输出的时候,不要不礼貌地打断或者拒绝沟通,频繁打断别人讲话在群面中是非常致命的扣分点。

(5)抗压能力

压力承受多了自然就会有抗压能力,所以笔者不打算提太多方法论的东西。各位只需要记住一点:抗压能力是在解决难题的过程中锻炼出来的,而不是在抱怨和焦虑中锻炼出来的。总会有办法的,困难克服了,你就会成为更好的人。

好了,要一次性提高所有能力是一个比较困难的事情,比方说在大量实习的时候,各位可能会牺牲掉一些学习和考证的时间。建议各位做好时间规划,有时候也可以各方面做到"雨露均沾",不然,一些所谓的"校园大牛"是怎么产生的?别人能做到的事情,各位为什么不能做到呢?

offer

第 4 天
了解"四大"招聘

4

第四章

"四大"招聘项目、招聘时间及相关流程介绍

在讲解这部分内容前，笔者要格外提醒一句：本书中提到的各类项目安排、针对人群、过往流程等均来自历年招聘经验（截止到 2021 年 4 月），如流程有所变动，各位需以官方说明为准，不可只参考历史经验。

4.1 第一类项目：普华永道 LEAP 俱乐部、安永校园大使、毕马威 Elite Programme、德勤 Club

这类项目适合毕业前一年、两年、三年的学生（如大一、大二学生及三年制研究生第一年学生）申请，如果各位正处于本科的大一、大二阶段，或者是三年制研究生的第一年，且非常希望能够尽早拿到"四大"的入场券，那么这类项目对各位来说就是一个非常好的机会，它们可以提前给各位一个与"四大"密切接触并且极有可能拿到暑期或寒假实习工作的机会。对于"四大"来说，实习留用是一个很常见的套路，所以用最佳的情况来假设的话，很可能各位在大二期间就提前锁定 offer 了，省去了后期很多招聘流程及相关的失败风险。

注意，这四个项目中只有普华永道的 LEAP 俱乐部接受大一及大二本科生，其余项目均只接受大二及三年制研究生一年级的学生，不接受大一学生。当然，这只是历年招聘的要求，至于各项目具体什么时间开启网申，该年度

对申请人的要求是什么，要以官方说明为准。各位可以关注各家的官方招聘微信公众号，以便第一时间获取最准确的官方信息。

1. 普华永道 LEAP 俱乐部

与其他三家的项目不同，普华永道 LEAP 俱乐部是唯一对大一学生开放的项目。这是一个普华永道为对接各大高校学生而成立的学生组织，意在培养学生的创造力、人际交往能力、解决问题能力。简单来说，如果你成功加入 LEAP 俱乐部的话，那么你将有机会参加普华永道组织的各类领导力和业务培训以及工作坊。同时，作为普华永道和各大高校的联系者，你需要在招聘期间为普华永道做好一系列线上线下的校园推广活动。换一个角度来看的话，作为 LEAP 俱乐部的成员，你可以参加普华永道提供的培训课程，并且可以在这个俱乐部里接触到不同高校以及普华永道内部的人脉。当然，最重要的是，作为 LEAP 俱乐部成员的你基本上可以获得一份寒假实习机会，而寒假实习如果表现优秀的话，通过合伙人面试便可以在秋招之前锁定全职 offer。

其实，普华永道这类项目的初衷很简单。一方面，能被 LEAP 俱乐部选中的学生的背景和条件是可以满足公司基本要求的，提前接触是为了帮助公司锁定优秀人才，毕竟求职是一个双向选择的过程；另一方面，有针对性地在各大高校进行定期推广和宣传是一个耗时耗力的事情，如果有一个高校内部的人员可以帮忙做宣传，也算是高效完成了招聘筹备的一项重要任务。这无疑是一个双赢的项目，一方面学生可以提前了解公司环境，获得工作机会；另一方面普华永道也针对目标院校进行了品牌推广。这也是为什么看起来"大一大二有点早"，但普华永道仍每年都乐此不疲地运行该项目的原因。

回归正题，按往年的招聘流程来看，LEAP 俱乐部会在每年 4 月左右开启网申（具体时间参考当年安排），针对中国内地及香港高校的大一及大二学生（具体要求参考当年安排），专业不限。其主要流程是：网申——LEAP DAY 或单面——offer（具体流程参考当年安排）。在网申前，各位可以找曾经的 LEAPer 去做内推，能增加网申通过的概率，当然，这也要看各位自身的竞争优势。按往年的经验来说，网申环节除了个人信息及经验方面，还有4个与LEAP项目相关的开放性问题，分别是：团队领导力故事、校园关系影响力故事、创意创新力故事、想要加入LEAP的原因与希望通过LEAP获取哪些方面的成长与提升。简单提一下回答这些问题要注意的地方：首先，第四个问题真实回答即可，但不要过于真实而直接说：我就想要个实习机会。针对前三个开放性问题，各位可以参照后面的单面部分，其描述逻辑与单面的整体逻辑是一致的，当然，希望各位在保证真实的情况下尽量找一些比较"有牌面"的例子，比方说"以学校为单位的活动策划"会比"以班级为单位的活动策划"听起来更有说服力和影响力，一方面可以突出各位的能力水平，另一方面也旁敲侧击地告诉对方：我是可以承担更大规模的活动策划的。毕竟普华永道希望你在全校范围内做推广和宣传，而不是仅仅在班级里做简单的介绍，后者的影响力与说服力明显小太多了。

就面试而言，普华永道主要是用沙盘模拟方式开展的。所谓LEAP DAY的意思是：在数小时的面试中，各位会经历破冰游戏和主要考核的环节。破冰游戏主要是让各位放松紧张情绪，从而在之后的环节有更好的表现，而主要考核环节是以沙盘游戏来进行的，这类考核方式和其他较为普遍的案例面试不同，它并不需要各位针对一个案例进行讨论，然后得出方案，主要是用一个模拟项目来看各位和团队的配合程度，还有随机应变与创新能力。每一年的考核主题可能会变，但本质上要考核的能力是一致的。在这类考核中，各位一定要注意"参与感"，在各个环节中贡献自己的观点，积极参与到整个团队中，如果被团队孤立或忽视的话，基本上和offer就没有缘分了。

当然，2020年是特别的一年，由于疫情影响，普华永道在这一年并没有用之前的LEAP DAY形式进行考核，取而代之的是视频单面，单面的主要问题包括忠诚度、简历梳理和开放性问题等。举几个简单的例子，关于忠诚度，会问"你为什么想参加LEAP计划？""你为什么选择普华永道？"等问题；简历梳理是针对各位简历上的一些经历梳理一下细节，再顺便问问遇到了什么困难、学到了什么等；而开放性问题更多的还是比较现实地问"你打算怎么在你们学校推广普华永道？"之类关乎之后 LEAPer 任务的问题。各位回答这类问题时，要有系统思维，这代表各位认真思考过如何帮助普华永道更好地宣传，另外，可以结合曾经的活动来说，从而旁敲侧击地告诉对方：我知道该怎么做，因为我有丰富的经验，所以我很自信可以比其他人做得更出色。

按往年的情况来看，普华永道的 LEAP 项目只在北京、上海、广州、深圳、香港五个城市招聘。一般来说，LEAP 俱乐部有自己的 Target School（目标院校），非这五个城市目标院校的学生可能竞争力不会太大，一个比较直观的判断方法是：关注一下之前几届 LEAPer 是否有自己学校的学生，如果从来就没有过的话，可能说明你们学校不属于目标院校范围。当然，非目标院校的学生无须绝望，试一试再说嘛，又不要钱。

2. 安永校园大使

如果一定要给"四大"同类项目排个名的话，那"安永校园大使"项目是这些项目里做得最为成熟的，该项目历史悠久，且整个体系非常成熟稳定。同样，作为校园大使的各位需要在企业和学校之间起到桥梁作用，例如，帮助学生解答一些基础的问题，参与并帮助宣传安永的一系列活动等。从另外的角度看一下这个项目的好处：其一，作为校园大使的各位通常可以获得寒假实习的面试机会，当然，过不过看各位的表现了；其二，除了疫情等特殊情况，安永每年会为校园大使举办一次集中的见面会，一起去一个城市（比如上海），机票住宿全包，让学生体验一下商业旅行。由于该项目的出色表现，安永也充分尝到了甜头，比方说近几年里，笔者常听到学生表达"想去安永"的想法，而非"想去'四大'"。这就是品牌效应，安永充分利用该项目稳固了自己在学生心目中的地位，也算是非常好的营销案例了。

安永校园大使项目一般在每年的 4 月左右开启（具体时间参考当年安排），针对中国内地高校的大二学生、三年制研究生一年级的学生（具体要求参考当年安排），即离毕业还有两年的学生，专业不限。通常情况下一所学校每届有两个校园大使。其主要流程是：网申——笔试——单面——offer（具体流程参考当年安排）。这里笔者想特别提醒一下流程安排，各位需要关注一下该年度的流程情况，因为安永校园大使的招聘流程不是一成不变的，曾经有一年没有设置笔试，而是换成了拍视频，即上传关于"我与安永"的一段视频到平台上，然后凭视频点赞数量和个人情况看是否给你下一轮面试机会。

与普华永道 LEAP 项目一样，各位在网申前可以找上一届安永校园大使做内推。安永校园大使内推的力度是非常大的，但各位一定要尽快找到自己所在学校上一届的校园大使做内推，找其他学校的用处不是那么大，因为每个校园大使内推的名额是有限的，一旦内推其他人，各位的机会就没有了。从其他流程来看，笔试在近些年用的是游戏测评，具体内容会在后面做讲解，但未来是否用游戏测评是个未知数，毕竟安永秋招的笔试已经改成行测类测评了。至于单面，部分学校会在 HR 面试之前设置一个校园大使面试环节，即让该学校的前辈看看各位是否符合他们的筛选标准，然后再进行 HR 单面。这类面试主要是为了看各位能否帮助安永完成一系列推广任务，故主要以忠诚度、简历梳理和开放性问题等为主。

3. 毕马威 Elite Programme（毕马威精英计划）

虽然都是针对"年轻人"开展的项目，但毕马威精英计划和上面两家的玩法大不相同。如果说上面两家都是为了找"校园大使"类的学生，然后给予实习机会作为奖励的话，那毕马威精英计划则纯粹是为了提前找实习生/全职员工而存在的。该项目是一个为期 3 年的全面培训和实习计划，会在暑假和寒假都给各位培训和实习的机会，但岗位只限于税务和审计。如果各位表现非常优秀的话，将有可能在毕业之后直接加入毕马威。当然，要想稳固自己的地位，各位需要做好心理准备，即在这个阶段的寒假、暑假里，可能都需要去毕马威实习了。

该项目会在每年 3 到 4 月开启（具体时间参考当年安排），针对中国内地高校的大二学生、三年制研究生一年级的学生（具体要求参考当年安排)，即离毕业还有两年的学生，专业不限。其主要流程是：网申——笔试——群面——offer（具体流程参考当年安排）。具体来说，笔试近些年用游戏测评的方式，而群面则是10个人左右的策划、选择类案例，整体难度不大。

4. 德勤Club（德勤俱乐部）

德勤俱乐部的玩法介于上面三家之间，曾经的德勤俱乐部是类似于毕马威精英计划一样的存在，整个项目会涵盖导师计划、课堂培训以及职场实习。最近两年德勤明显有把它往"校园大使"类发展的趋势，当然，该有的部分还是会有，对于学生来说只是多了一个新的职能。要说德勤俱乐部好在什么地方的话，大概是德勤俱乐部的成员有机会到咨询部门实习，而其他三家给的机会大多是非咨询类的岗位，当然，能不能去还要看各位的背景情况和相关项目的需求。

该项目会在每年3月左右开启（具体时间参考当年安排），针对中国内地高校的大二学生、三年制研究生一年级的学生（具体要求参考当年安排），即离毕业还有两年的学生，专业不限。其主要流程是：网申——笔试——VI面试（视频AI面试）——单面——offer（具体流程参考当年安排）。具体来说，笔试部分近些年用的是SHL的笔试进行测评，这类笔试非常灵活，包含数学、时间安排、图形逻辑等。至于VI面试，按之前的经验看是"自我介绍""如何在学校推广德勤品牌"这两道题，中英文都有可能。单面在疫情期间主要为线上视频单面，问的问题和安永、普华永道类似，可能会有英语测试。当然，从之前情况来看，德勤俱乐部的面试是以"群面+单面"为主的，群面考核的是案例类问题，单面则是"业务经理"风格的单面，没有其他特别之处。至于之后的情况如何，各位还要结合当年的安排来看，这里笔者只是提一下曾经出现的情况，虽然2020年采用的是线上单面模式，但也不是很确定疫情结束后的德勤是否会恢复从前的玩法，反正做好充分准备吧，这样不论对方怎么变换考核方式，都在自己掌控之中。

"四大"早期招聘项目流程及要求见表4-1。

第四章 "四大"招聘项目、招聘时间及相关流程介绍

表4-1

早期项目 (具体流程/ 要求请参照 当年安排)	普华永道(LEAP)	安永(校园大使)	德勤(俱乐部)	毕马威(精英计划)
针对人群	针对中国内地及中国香港高校的大一、大二学生,三年制研究生,即离毕业还有两年的学生,专业不限	针对中国内地高校的大二学生、三年制研究生,即离毕业还有两年的学生,专业不限	针对中国内地高校的大二学生、三年制研究生,即离毕业还有两年的学生,专业不限	针对中国内地高校的大二学生、三年制研究生,即离毕业还有两年的学生,专业不限
开启时间	每年4月左右	每年4月左右	每年3月左右	每年3到4月
过往流程	网申——LEAP DAY或单面——offer	网申——笔试——单面——offer	网申——笔试——VI面试——单面——offer	网申——笔试——群面——offer
网申流程	除基本信息外,还有4个开放性问题(详见上方信息)	基本信息	基本信息	基本信息
笔试流程	暂无	游戏测评或行测	SHL笔试	游戏测评
面试流程	LEAP DAY群面或单面	单面	(1)VI面试(自我介绍,如何在学校推广德勤品牌) (2)案例类群面+单面	案例类群面
项目特点	(1)唯一一个对大一学生开放的项目 (2)只在北京、上海、广州、深圳、香港开放 (3)校园大使性质 (4)寒假实习机会	(1)校园大使性质 (2)寒假实习面试机会 (3)内推很有用 (4)流程较为多变(需参考当年安排)	(1)提前批实习+校园大使性质 (2)可能有咨询实习的机会	(1)提前批实习生性质 (2)提前升职机会

4.2 第二类项目：寒假实习、暑期实习、普华永道 Sprinter 项目

"四大"的暑期实习项目及寒假实习项目都有一定的特性，故这里不单独进行介绍。当然，在具体介绍每个项目的流程之前，还是要提醒一下各位：每年的流程、具体考核内容可能会有所不同，所以需要结合该年情况来准备。但其实如果见得多了，各位就会发现，所谓笔试、面试就那些花样，只要充分准备了，不论对方如何改变玩法，都在掌控之中。

1. 暑期实习项目

一般来说，暑期实习是针对还有一年毕业的学生开设的，比如全日制大三下学期的学生，如果各位正在跨越大三暑假迈向大四的话，那么这个暑假是各位应该找暑期实习的时候了，同理，两年制研究生的一年级学生、三年制研究生的二年级学生也应该在这个暑假找"四大"的暑期实习。

暑期实习是个有意思的项目，因为对大多数企业来说，暑期实习是一个提前招到全职员工的好渠道，但对"四大"来说并非如此，一定要说实习转正的话，"四大"主要是从寒假实习项目中提前寻觅优秀的种子。细心的学生应该也发现了一个有意思的现象：并不是每一家"四大"都会开设暑期实习项目，即便开设，也不一定每个部门都有实习生需求。为什么？因为支撑"四大"的大多数核心业务是审计、税务，而对审计、税务来讲，其实 7—8 月并不是它们的忙季，自然不需要那么多实习生去帮助完成工作，这就很好地说明了为什么各类事务所在寒假时期的实习生需求非常大这一现象了。所以各位如果希望在"四大"找到一份实习的话，其实暑期实习并不是一个非常好的选择，这里并不是要给各位打退堂鼓，而是希望各位提前认清一下形势，暑期实习是很难拿到的，不要因为没得到暑期实习的机会而觉得自己进不了"四大"。

"四大"每年会在 4 月左右开启自己的暑期实习项目，按往年经验来看（每年的流程可能会变，请务必参考当年最新流程），普华永道的流程为：网申——笔试——VI 面试——单面或群面——offer。网申环节不多提，笔试部

分，从这几年的情况来看都是游戏测评，视频面试有 8 个固定的题目，简单来说分别是：①你为什么加入普华永道？②分享最近一次你主动学习一项新技能/新技术的例子，你是如何确定学习需求的？你采取了什么步骤来实现这个学习目的？③请分享一个过往的例子，当时你能保持高标准的工作要求，并且在执行过程中没有错漏之处，请描述一下当时的情况，你采取了什么行动，结果如何。④分享一次尽管你有捷径可以走，但还是选择了最为诚信道德的方式去处理问题的经验，你是怎么做的，结果是什么。⑤请分享一个在信息矛盾或信息不全的情况下，必须迅速作出决定的例子，你采取了什么行动，结果是什么。⑥请分享一个学校或工作的例子，由于工作的复杂性或较大的工作量，导致你压力非常大的情况，请描述你当时的感受，你是如何应对的。⑦请分享一个你为自己设定了挑战性目标，并付出努力达成目标的例子。⑧请分享一个你不得不适应一个项目或工作中的巨大变化的例子，描述一下当时的情况，你是如何适应变化的，结果如何。来自香港的求职同学会被多问一个问题，即在一个小组里，你已经完成了你的任务，但有的组员落后了，为了长远的小组目标，你会怎么办？对中国内地的学生来说，视频 AI 面试用中文回答即可，香港的学生需要用英文回答。至于后期的面试大多是经理或高级经理主导的单面，也有可能出现群面的情况，如果是群面的话，则是以案例面试为主。整体来说，普华永道的暑期实习招聘流程还算是很简洁的，一般不会安排合伙人面试。

　　德勤在最近的暑期实习只开放了咨询岗位，这类岗位的具体流程为：网申——笔试——单面或群面——offer。笔试目前使用的是 SHL 题库，至于面试，有的岗位会在正式面试之前有一个 Pretalk 类面试，即通过电话简单聊一下个人情况，大概率会加一个咨询独有的小案例分析/市场规模类问题，通过了之后再继续单面或群面考核。

　　毕马威暑期实习项目的流程为：网申——笔试——群面——offer，网申环节不多说，至于笔试，近几年也同样沿用游戏测评方式，面试是以非商业案例为主的群面，群面过了之后即可以拿到 offer。当然，值得一提的是，毕马威曾经出现过笔试通过之后直接给 offer 的情况，但各位还应当按照有面试来准备，毕竟单次现象并不能说明普遍情况。

至于安永，由于近几年安永没有开设暑期实习项目，取而代之的是暑期训练营项目，故这里不再多提。

2. 寒假实习项目

寒假实习一般针对离毕业还有一年多的非应届毕业生开设，比如全日制大学中大三上学期的学生、两年制研究生研一上学期的学生、三年制研究生研二上学期的学生。与暑期项目不同的是，寒假实习项目一直都是"四大"非常重视的项目，本质上是因为事务所在年底和来年年初的时候实在是太忙了，如果没有实习生帮忙的话还真的很艰难。

另外提一点，"四大"的寒假实习生主要有五个来源：其一，当年入选的寒假实习生；其二，参加各类前期项目的学生（比如毕马威精英计划）；其三，参加各类商业比赛的学生（会放在之后讲），当然，通过比赛进来的人还是占少数的；其四，"四大"的一些办公室会和当地的目标院校合作，直接到那些学校招聘实习生，填补实习生需求，至于具体是哪个所、哪所学校这里就不多提了；最后一类是当年拿了全职 offer 但尚未入职的人，因为寒假实习一般是年底开始，而那个时候很多人都拿到秋招的全职 offer 了，当体验生活也好，提前培训也好，"四大"会联系这类学生提前参加实习，积累经验。所以对只参加寒假实习的各位来说，你们的希望有多大，一方面取决于当年对实习生的整体需求，另一方面取决于其他四类人占用了多少名额。笔者曾经看到过"四大"的某大所就因为某项目的成员把坑位占得差不多了，导致寒假实习没要几个人的情况，当然，这并不普遍，各位无须惊慌。

寒假实习项目一般在 8、9 月开启。普华永道和安永的流程是：网申——笔试——群面 + 单面——offer，普华永道会多一个视频 AI 面试环节，具体内容参照前面所述。德勤和毕马威的流程为：网申——笔试——群面——offer。具体考核内容各位还需结合当年的情况来看，就近几年的情况来说，各家的考核内容包括：①笔试环节。安永采用的是行测类笔试，德勤采用的是

SHL笔试，普华永道及毕马威采用的是游戏测评。②面试环节。四家均为群面测试，安永和德勤采用的是和秋招一样的案例类面试，毕马威采用的是策划类面试，普华永道最特别，用的是辩论类面试。除此之外，有的事务所在群面之后会设置一个经理单面，大多是个人情况、未来打算、专业测试等内容。当然，有一些小事务所因为招聘的实习生不多，会用单面代替群面，不过各位还是要做好充分准备，因为于情于理，一个完整的测试流程都是必要的，只是有的事务所有时候放水了，不代表之后的所有测试都会放水。

3. 普华永道Sprinter项目（硕士领英计划）

该项目从本质上来讲也是一个寒假实习项目，但整体要求更高一些，目的也更明确一些，即从早期培养全职员工。Sprinter项目也叫"硕士领英计划"，只针对研究生开放，目标人群有两类：其一是拿到研究生录取的大四学生；其二是正在读研一的学生。

拿该项目的审计岗位来说，硕士领英计划的独特之处在于它要求学生参与多个年审忙季。简单举个例子：假设你是三年制研究生，刚开始念研一，那么在研一的上学期你就可以申请这个项目，拿到offer之后即可参加该年度的年审，年审之后就到了研一下学期，结束研一的暑期，你可能会被要求参加期中审阅项目（这要看具体人员需求，也可能不用参加暑期实习），然后开始研二的上学期，上学期要结束的时候你就可以参加第二个年审了，循环往复，到研三的时候继续第三个年审。当然，如果表现不错的话，在研三的时候各位可以提前拿到全职offer，等研究生毕业之后加入普华永道做全职审计。现在回头看，其实在正式加入普华永道做审计之前，就有三个年审经验了，所以入职之后会更快地适应审计生活，更高效地为公司工作。

其实读到这里各位可能会觉得：好亏，那些没实习经验却拿到offer的人跟我一起入职，还没我效率高呢，但我跟他们好像没什么区别。各位无须觉得亏，为什么呢？因为按往年学生的反馈来看，如果各位在这个阶段可以保证一定的工作时长（具体时长看公司要求）、良好的上级评分、通过几门注会考试的话，绝对有机会入职普华永道，所以也不算亏了。当然，看到这里可能很多留学生会纳闷：那我无法保证时间的话怎么办呢？毕竟国外的假期和国内的假期不一定是一致的。这类疑问是对的，这也是为什么领英计划基本只要本地目标院校学生，地理位置太重要了。

按往年的经验来看，硕士领英项目开启的时间与寒假实习开启的时间一致，大概在 8 到 9 月，流程也类似：网申——笔试——视频 AI 面试——面试——offer。视频 AI 面试用的考题和实习项目一样，面试近几年采用的都是辩论类群面，群面之后会有单面，这里就不做过多的描述了。

"四大"暑期及寒假实习项目的流程及要求见 P73 的表 4-2。

4.3 第三类项目：安永 SLP 项目、毕马威早鸟项目、"四大"秋招项目、"四大"春招项目

不论是夏天开启的安永 SLP 项目、毕马威早鸟项目，还是初秋时期开启的各家秋季招聘，抑或开启时间不确定的春季招聘，它们都有个共性：该类招聘均直接给全职 offer。所以各位可以仔细思考一下自己可以求职的时间，因为想拿到"四大"全职 offer 的话，有时候不一定要等到秋天。

1. 安永 SLP 项目

在笔者看来，安永真的非常擅长做各类校园项目，此类项目的成功运作也的确为安永锁定了不少优秀人才，在品牌层面也增加了不少认可度。安永 SLP 项目的全称为：Summer Leadership Program，也叫"安永暑期领导力训练营"。各位别被这个名字误导了，认为这是安永做的夏日培训项目，非也。从它的本质作用来看，该项目其实应该叫作安永提前批招聘，因为 SLP 项目就是在原本该开放暑期实习项目的时候开放的全职招聘项目。

第四章 "四大"招聘项目、招聘时间及相关流程介绍

表 4-2

暑期及寒假实习项目（具体流程/要求请参照当年安排）	"四大"暑期实习项目	"四大"寒假实习项目
针对人群	针对离毕业还有一年的学生，专业不限	针对离毕业还有一年半的学生，专业不限
开启时间	每年 4 月左右	每年 8、9 月
过往流程	（1）普华永道：网申——笔试——VI 面试——单面或群面——offer （2）德勤：网申——笔试——单面或群面——offer （3）毕马威：网申——笔试——群面——offer （4）安永：较少，暂不讨论	（1）普华永道：网申——笔试——VI 面试——群面+单面——offer （2）德勤：网申——笔试——群面——offer （3）毕马威：网申——笔试——群面+单面——offer （4）安永：较少，暂不讨论
网申流程	（1）普华永道：基本信息 （2）德勤：基本信息+开放性问题 （3）毕马威：基本信息 （4）安永：较少，暂不讨论	（1）普华永道：基本信息 （2）德勤：基本信息+开放性问题 （3）毕马威：基本信息 （4）安永：基本信息
笔试流程	（1）普华永道：游戏测评 （2）德勤：SHL 笔试 （3）毕马威：游戏测评 （4）安永：较少，暂不讨论	（1）普华永道：游戏测评 （2）德勤：SHL 笔试 （3）毕马威：游戏测评 （4）安永：行测
面试流程	（1）普华永道：VI 面试（具体问题见上文内容）+VI 面试通过之后的经理单面或案例类群面 （2）德勤：经理单面或案例类群面 （3）毕马威：非案例类群面 （4）安永：较少，暂不讨论	（1）普华永道：辩论类群面+经理单面 （2）德勤：案例类群面 （3）毕马威：非案例类群面 （4）安永：案例类群面+经理单面
项目特点	释放较少审计实习岗位	释放大量审计实习岗位

从最近几年来看，SLP 项目会在每年 4 月左右开启，针对还有一年毕业的应届毕业生，比如还有一年毕业的大三学生、两年制研究生研一下学期的学生、三年制研究生研二下学期的学生，另外，也针对一些目前处于大四，正准备去国外读一年制研究生的本科学生。当然，前提是你需要已经拿到研究生的录取才行，不然你是填不了网申表格的。

SLP 项目每年的流程都类似：网申——笔试——群面+合伙人单面——offer。笔试按最新情况来看，应该会与秋招保持一致，使用行测类笔试，但安永的笔试经常变，故各位还需要结合当年情况来看。2020 年由于疫情原因，面试换成了由合伙人主导的一轮线上单面和一轮线下单面。当然，与曾经的 SLP 面试流程相比，只有单面着实太单调了，故 2020 年在第一轮线上单面前加了一个小演讲环节，主题会提前给各位，但由于该年度的特殊性，这里便不做过多介绍。

从 SLP 的面试来看，是由一整天的面试组成的，从上午的破冰游戏开始，到第一轮案例面试，中午吃饭后休息一段时间，接着开始下午的案例面试（一般来说，上午和下午的案例属于同一个案例，下午各位会被给到额外的案例信息，再完成进一步的分析），案例面试结束之后，各位会迎来每人都有的合伙人单面，合伙人面试为当天的最终流程，之后各位便回去等消息即可。

安永 SLP 项目面试有两个比较特别的地方：其一是一整天完成，各位无须来来回回很多次，只需要一天即可定结论；其二是一般情况下，会有三个面试官（两个经理、一个合伙人）跟随整个流程，且上午场面试、下午场面试、合伙人面试会调换面试官。举个简单的例子，上午跟着各位面试的合伙人可能在下午会去跟别的组，各位所在的组也会有其他组的经理调换过来。这样一定程度上增大了面试难度，因为每个环节都是单独考核的，各位无法将自己上午的好印象留到下午继续使用，必须在每个环节都保持优秀，才能通过每一轮面试官的考核。

2. 毕马威早鸟项目

与安永 SLP 项目类似，毕马威早鸟项目也是一个提前招聘全职员工的项目。不过笔者想要提醒各位的是，按毕马威的说法来看，参加了早鸟项目的同学是无法参加秋季招聘的，即一年一次全职招聘的机会，你把它用在了早鸟项目上的话，秋招就没法用了。

毕马威早鸟项目一般在每年 3 月到 4 月开启，针对还有一年毕业的应届毕业生和即将毕业的学生，对比安永的 SLP 项目来看，毕马威早鸟项目对学生的毕业时间会更加宽容一些，如果各位正处于大四下学期，即将在本年度拿到毕业证的话，那么是可以参加本年度的早鸟项目的。

从流程来看，毕马威早鸟项目的流程和秋招流程一样：网申——笔试——群面＋经理面试——合伙人面试——offer。网申环节不多提，笔试环节按最近的情况来看用游戏测评。面试由两个环节构成，第一个环节为案例类群面，群面结束后会有一个经理单面，如果通过第一个环节面试，各位会拿到合伙人面试，通过之后即可拿到 offer。这样的设置是最为普遍的，但麻烦的是如果各位正在国外留学的话，可能需要把更多的时间用在早鸟计划上，毕竟两个面试的间隔时间往往是不确定的，有可能经理单面结束之后的当天就开始合伙人面试，也有可能两周后才进行合伙人面试，时间不好把控，有时候问 HR 也不能得到确定的答案。

3. "四大"秋招项目

"四大"秋招项目会在每年的 7 月底或 8 月开启，不论有没有提前批项目，每家都会开启秋招项目，这是最为传统的招聘项目。需要单独提一下的是，"四大"每年的招聘流程不一定都是固定的（尤其是德勤、普华永道），所以各位需要结合当年的具体流程来准备，但换汤不换药，本质上都是以"网申——笔试——群面——单面"为主，会变动的大概率是群面环节，因为单面是玩不出什么花样的。下面我们看"四大"的审计部门招聘要求及流程。

（1）安永

安永的秋季招聘是针对应届毕业生的（参照 SLP 要求），整体来说，安永秋招的流程为：网申——笔试——面试——offer。网申环节不多提，笔试按近些年经验来看是行测类题目。面试分为两轮，第一轮是"群面+经理单面"，群面考核的是案例类题目，单面与业务人员单面风格一致，第一轮面试通过之后各位会进入第二轮面试，即合伙人面试，合伙人面试通过之后即可拿到offer。各位可能会觉得跟毕马威早鸟项目的流程相似，除了案例风格不同，其他流程基本是一样的。从最近安永的群面来看，在正式讨论案例前，可能还会安排每个人做个较短时间的案例陈述，以免滥竽充数的情况存在。

（2）毕马威

毕马威的秋季招聘流程和要求都与早鸟项目一致，这里就不多提了，各位参照早鸟项目即可。

（3）德勤

如果说近些年面试玩法最多变的"四大"的话，那德勤一定是排名第一的，各种方式换着玩，每年都不一样，很多年都没有找到最适合自己的筛选方式。

德勤对毕业时间的要求与毕马威一致，即针对还有一年毕业的应届毕业生和在该年度毕业的学生。按最近的流程来看，德勤秋招的流程为：网申——笔试——面试——offer。网申不多提，笔试最新用的是SHL。面试流程为"群面+单面"形式，群面是案例类面试，群面通过之后即可参加后续的合伙人单面，通过合伙人面试的各位即可拿到offer。注意，从近几年的情况来看，德勤的案例群面和安永、毕马威都不相同，后者是小组讨论一个案例，然后得出结果，而德勤换了一些新的玩法，比如在给案例信息的时候，每个组员拿到的是综合信息（每个人都有）和独特信息（只有你自己有），所以在传统的阅读时间结束之后，德勤还要求每个人做2分钟的信息陈述，每个人输出自己部分的信息，然后小组再结合所有案例信息进行统一讨论。对于安永和毕马威来说，每个人在群面之后都有经理面试的机会，而德勤只有通过了群面的人才有单独面试的机会，当然，群面后各位无须等待太久便可知道自己的群面结果。

最后要提醒各位的是，德勤的群面流程是非常多变的，务必按照当年的情况做准备。比方说，从前几年的面试来看，德勤还曾要求各位单独陈述案例，也曾在群面之前让各位随机抽取话题做英语演讲。当然，这些流程用过之后便没再出现，可见它们要么多余，要么没有达到预期的效果，故都被淘汰了。

（4）普华永道

要说对毕业时间最宽容的"四大"的话，普华永道一定是排第一的。普华永道的秋季招聘不仅针对离毕业还有一年的应届毕业生开放，也对该年毕业的学生、已经毕业一年以内的学生开放。比如今年是2020年，那么安永则只会对2021年毕业的学生开放，德勤、毕马威会对2020年及2021年毕业的学生开放，而普华永道会对2019年、2020年及2021年毕业的学生开放。至于具体最后筛选比例是多少无从考证，但有人欢喜有人愁，比如已经毕业的学生会觉得这是一次机会，而应届毕业生则会认为压力山大，因为多了很多竞争对手。

按流程来看，普华永道的整体流程和安永SLP项目类似：网申——笔试——VI面试——面试——offer。网申不多说，笔试近几年用的都是游戏测评，VI面试近两年用的题目都一样，前面已经提过了，故这里不再一一罗列。面试环节很有趣，普华永道把自己的校招面试做成了"Superday"形式，即所有的流程在一天内全部解决。这和安永的SLP类似，为求职者减轻了不少时间上的压力，毕竟很多人属于异地求职，这种流程大大减少了行程成本，对于企业来说也是件好事，一次性解决，HR不用再花费太多精力去安排不同阶段的面试了。

整体来说，Superday包含破冰游戏、案例类面试、午餐、合伙人单面、"打广告"环节。破冰游戏每年都不太一样，可能是看图说话、小游戏等。案例类面试则分为两个部分，第一部分先分为A、B两组，不同的组会有不同的持方，各位无须像辩论那样去说服对方听从自己的意见，只需要站在自己的持方思考具体的选择原因、落地政策等即可。当然，在第一部分讨论和陈述完毕之后，会有小组互相提问题环节，各位回答问题、提问题即可，无须太针锋相对。第二部分是结合在一起做的，各位会拿到新的案例信息，然后 A、B 两组的人合在一起，作为一个小组展开讨论、完成陈述。群面和午餐结束之后各位会迎来合伙人面试，整体来说与业务人员面试一样，在等待合伙人面试的过程中，各位会被经理带到不同的会议室去"打广告"：通过各种宣传片、讲解等让各位了解普华永道，从而招到优秀的人才。当然，"打广告"只是一种说法而已，普华永道可不会这样去描述该流程，只是在笔者看来，该说法可以很好地诠释这个流程的本质。

4. "四大"春招项目

"四大"春招项目的招聘要求和秋招项目要求一致，因为本质上春季招聘的目的是填补秋招的空位，各位也可以把它们理解成补招。这也是春招开放的岗位远不及秋招的原因。一般来说，参加过秋招的候选人是不可以参加春招项目的，因为秋招时候都没过，证明可能候选人有些方面还达不到企业的用人要求，在短时间里，很难有什么突飞猛进的进步，故企业无须重复筛选同样一波人了。

一般来说，"四大"的春招会在 2 月到 3 月开启，但也会有一些特殊情况出现，比如有一年出现过毕马威和安永在 7 月开启补招的现象。因为按之前的说法来看，春招的本质是秋招项目的补充，那么春招具体开放时间在一定层面上，取决于"四大"什么时候发现自己还缺人。所以各位要关注一下各家官方的招聘公众号，了解最及时和准确的消息。从流程来看，"四大"春招的流程与秋招是完全一致的，当然，也会出现一些特殊情况，比如通过初步筛选的人不够多，凑不齐群面的话，春招也可能由两轮单面组成：经理单面与合伙人单面。当然，无论如何，网申和笔试等面试前期的流程还是需要完成的。

"四大"全职项目招聘流程及要求见表 4-3。

第四章 "四大"招聘项目、招聘时间及相关流程介绍

表 4-3 全职招聘项目（具体流程/要求请参照当年安排）

全职招聘项目	早期项目（安永SLP及毕马威早鸟项目）	秋季招聘项目	春季招聘项目
针对人群	（1）安永SLP项目：针对离毕业还有一年的学生，专业不限 （2）毕马威早鸟项目：针对离毕业还有一年的学生及刚毕业的学生，专业不限	（1）普华永道：针对离毕业还有一年的学生、刚毕业的学生及毕业之内的学生，专业不限 （2）德勤：针对离毕业及刚毕业的学生，专业不限 （3）毕马威：针对离毕业还有一年的学生及刚毕业的学生，专业不限 （4）安永：针对离毕业还有一年的学生，专业不限	与秋招要求一致
开启时间	均为每年4月左右	每年8、9月	大多为2、3月，具体时间不定
过往流程	（1）安永SLP项目：网申——笔试——群面+合伙人单面——offer （2）毕马威早鸟项目：网申——笔试——群面+经理面试——合伙人面试——offer	（1）普华永道：网申——笔试——VI面试——群面+合伙人单面——offer （2）德勤：网申——笔试——群面——合伙人面试——offer （3）毕马威：网申——笔试——群面+经理单面——合伙人面试——offer （4）安永：网申——笔试——群面+经理单面——offer	与秋招要求一致
网申流程	（1）安永SLP项目：基本信息 （2）毕马威早鸟项目：基本信息	（1）普华永道：基本信息 （2）德勤：基本信息+开放性问题 （3）毕马威：基本信息 （4）安永：基本信息	与秋招要求一致

续上表

全职招聘项目 (具体流程/要求 请参照当年安排)	早期项目 (安永 SLP 及毕马威早鸟项目)	秋季招聘项目	春季招聘项目
笔试形式	(1) 安永 SLP 项目：行测 (2) 毕马威早鸟项目：游戏测评	(1) 普华永道：游戏测评 (2) 德勤：SHL 笔试 (3) 毕马威：游戏测评 (4) 安永：行测	与秋招要求一致
面试流程	(1) 安永 SLP 项目：案例类群面 + 合伙人单面（所有面试均在同一天完成）（分两次） (2) 毕马威早鸟项目：案例类群面 + 经理单面 + 合伙人单面	(1) 普华永道：案例类群面 + 合伙人单面（所有面试均在同一天完成） (2) 德勤：案例类群面 + 合伙人单面 (3) 毕马威：案例类群面 + 经理单面 + 合伙人单面 (4) 安永：案例类群面 + 经理单面 + 合伙人单面	与秋招要求一致
项目特点	在秋招开始之前锁定全职 offer	最为完整的全职招聘项目	开启时间、岗位、城市均不确定，有一定的随机性

4.4 第四类项目：各类商业挑战赛

这里做一个额外的补充，由于每年开展的商业挑战赛不尽相同，故笔者把这类项目作为"提醒"放在这里，对具体的比赛就不一一做讲解了。各位可以持续关注"四大"校园招聘公众号，因为"四大"每年都会开展各种各样的商业比赛（如德勤的数字化挑战赛）。对比赛的排名、内容等放在简历里是否有含金量这个问题，我们在这里不做评判，但在有的比赛中，各位如果排上名次的话，是可以得到实习或全职工作机会的，这个奖励就非常有含金量了。当然，除了上面提到的给"干货"的商业比赛之外，"四大"也会开展一些边缘的活动（比如摄影活动等），第一名可以得到公仔之类的奖励，笔者在这里不建议各位参加，没有什么特别大的意思，只不过是宣传的小把戏罢了。

offer

第 5 天
简历搭建逻辑及方法

5

第五章

简历搭建逻辑及方法

简历十分重要，它并不只是在面试之前的筛选阶段有用，一定层面上它也是面试的"第一印象"。改简历是一个非常让人头疼的过程，因为各位至少要 3—4 个小时才可以改好一版可以用的简历。但请记得，这是值得的。因为梳理简历也是一个梳理个人经历的过程，在这个过程中各位可以清晰地看到自己的优势、劣势在哪里，从而在面试时知道如何发挥自己的优势，如何提前规避可能被提到的劣势。下面就教各位如何写一份合格的简历。

5.1 简历内容逻辑

从本质上来讲，简历等同于一个"个人经历说明报告"，这份报告中有你的基础个人信息、教育信息、实习经历、学生活动、项目经历、其他信息。换句话来说，在见到面试官之前，各位需要用一份标准的文件来告诉对方，你叫什么，用什么方式可以联系到你，你在哪里读书，读的是什么专业，曾经有过哪些实习经历，在这些实习中你做了什么，你参加过哪些社团/组织，在这些组织中你做了什么事情，你做过哪些项目，除了以上部分，还有什么要额外提的。从而让对方相信，你的专业背景、实践经历、语言能力和其他各类软实力是适合该岗位的。

因此，各位应该不难发现简历的目的：告诉对方你是适合该岗位的。这句话意味着，在有条件的情况下，各位要学会打造"适合"的人设。给筛选简历的人这样一种人设，你一开始就想申请这个岗位，并且在学生期间付出了很多努力。所以在写简历之前，各位需要先理清楚所申请的岗位需要的东西是什么，然后再结合自己的过往经历，最大化匹配"过往经历"和"岗位需求"。

根据以往经验，先来理一下四大审计所看重的经历，可以把它分为两层，第一层为绝对优势层，第二层为附加优势层。其中第一层优势为：学校背景、学校成绩、专业背景、相关实习；第二层为：英语水平、计算机技能、学生活动、项目经历、比赛经历。当然，并不是所有人都拥有各类"绝对优势"，所以各位在改简历的时候，应当先写绝对优势，其次才是附加优势，要学会适当取舍，尽量凸显自己的优势。当然，如果没有足够的经历去做筛选的话，也只能有啥写啥了，但这不是最优选择，所以如果有机会的话，多多积累各类经验是非常重要的。

上面提到的各类优势中，有的是绝对的，有的是非绝对的。比如学校背景、专业背景就是绝对的，意味着各位无法通过润色等方式去修改，它该是什么就是什么。而非绝对的优势，各位才有发挥的空间。所以下面针对非绝对优势说一下，哪些对审计来说是加分项目，应该优先放在简历上。

1. 学校成绩

证明学校成绩的东西有很多，比如绩点、排名、奖学金。每所学校给成绩的风格不相同，尤其对一些英国、澳洲留学生来说，绩点低是很正常的事情，各位不必焦虑，"四大"每年都有很多留学生投递简历，所以面试官对这一点已经非常了解，不会太过严苛，如若对方对这一点并不是很了解，各位合理解释即可。

如果各位的成绩排名很靠后的话（比如2.2/4.0绩点），建议不要在简历上写上绩点，不然面试时这一定是个没法解释的坑。如果各位成绩平平，绩点大约为 3.5/4.0 的话，其实是可以把成绩写上去的，如果有一些跟成绩有关的奖学金的话，也可以一并写上去，这样会给人一种"成绩中上"的感觉。如果各位的成绩很靠前（比如前 10%），则绩点、排名、奖学金等都应该写在简历上，从而告诉对方：我是这所学校这个专业里成绩非常好的学生。为什么要这样做呢？因为招聘者都非常喜欢成绩好的学生，虽说成绩不是一切，但至少说明你没有虚度大学光阴，一直在认真学习，在有限的信息里，成绩是可以说明问题的。这就像小时候爸妈都希望自己的孩子跟成绩好的孩子玩一样，道理都一样，过了十多年也是如此。

2. 相关实习

相关实习其实不难理解，关键点都在里面了，一个是"相关"，一个是"实习"。就"四大"来说，在四大审计的实习是最直接相关且加分的，其次是内资事务所的审计实习、排名较好的公司（例如世界 500 强）的财务类相关实习、其他不知名事务所的审计实习、财务实习。企业财务、税务等实习看似和事务所实习无直接关联，但在这些实习中培养的能力是可以应用到事务所工作的，所以也算是相关实习，只不过一个属于甲方，而另一个属于乙方罢了。如果各位的求职规划过程非常盲目，有各种各样的实习的话，要学会适当取舍。比如申请者第一个实习是企业财务，再到事务所审计，再到券商投行部，再来一个投行部的话，这足以说明这位申请者是一路奔着券商去的，那么这份简历就会让面试官认为：你只是拿"四大"作为备胎，忠诚度不够。所以这个时候其实不必写在券商的实习经历，以免面试时候给自己埋坑。抑或各位在互联网企业、快销公司、事务所等都实习过的话，就要想想是否只保留财务相关的实习，以免对方认为自己不够专一。

3. 学生活动

这里说的学生活动并不是指"参加过的学生活动"，比如作为观众参加过的文艺晚会等，而是指作为组织者，参与组织或领导组织过的学生活动。按含金量来说，国际/全国性组织活动的含金量大于校级组织活动，校级组织活动大于院级组织活动，而班级组织活动排最后。再者，从头衔来看：主席大于部长、部长大于副部长、副部长大于成员/干事。当二者有冲突的时候，譬如各位在学校社团中当副部长，且在班级里担任班长一职的话，则还是以组织规模优先，因为平台门面还是非常重要的，组织的规模一定层面上决定了工作的丰富度，面试时讲故事的话也会更精彩一些。当然，就近些年四大审计面试的情况来看，被问到学生活动的情况其实很少，所以若非很大的学生组织（国际、全国、校级、院级）的话，或是实在没有东西可以写的话，可以适当减少这一板块的篇幅，与其写一些不会被问到的东西，倒不如多留点篇幅写真正有含金量的东西。当然，这只是针对四大审计来说的，对于一些非常注重团队合作能力、领导能力的岗位来说，这一板块还是非常重要的。

4. 项目经历

这里所说的项目经历有两种：其一，学生期间做的小组作业；其二，与学校老师一起做的科研项目。拥有后者的人可能不是很多，所以学生期间做的小组作业也可以勉强凑数。就含金量来说，即便所做的科研项目与审计本身相关度并不是非常高（比如企业内部管理研究等），但"能与老师一起做项目"说明你应该是个好学生，且由于项目的特殊性，各位在面试时不存在"毫无输出"的可能，所以这类项目会比小组作业更值得写在简历上，因为按常理来说，小组作业的深入程度是远不及这类项目的。当然，如果各位在写完真正意义上的科研项目之后还有很多空缺的话，则可以写上与审计相关的小组作业，另外，财务分析类的作业也是可以的，正如刚刚提到的，财会类经验对于审计来说也是适用的。

5. 比赛经历

比赛经历的含金量排名可以参照学生活动经历部分，规模越大、越有名的比赛越值得写进简历里。但近些年在四大审计面试中，被问到比赛经历的情况并不是很多，所以如果各位有更好的经历可以写的话，其实没必要耗费大量篇幅描述各类比赛，在奖学金/奖励那一块提一下比赛获得的奖项即可。当然，如果实在没有填充简历的内容的话，也只能展开写每个比赛的具体情况了。

总的来说，如果各位有很多相关的实习，且相关实习的篇幅已经占据了一份标准简历的篇幅（一页 A4 纸）的话，可以适当舍弃项目经历、学生活动经历和比赛经历。如果相关实习并没有占据那么大篇幅的话，可以从项目经历、学生活动经历和比赛经历中挑选更有含金量的部分写进简历里。如果各位没有实习的话，就只能从项目经历、学生活动经历和比赛经历这三者入手去编辑简历了。没有实习虽然算不上硬伤，但对比起来还是会让自己处于劣势，所以有机会的话还是多去企业锻炼锻炼为好，一方面可以增加简历丰富度，另一方面也可以提前亲身体会各行业/企业情况，看看自己是不是适合，从各方面来说都是一件好事。

5.2 简历主要板块及模板

再强调一下上文说到的简历目的：需要用一份标准的文件来告诉对方，你叫什么，用什么方式可以联系到你，你在哪里读书，读的是什么专业，曾经有过哪些实习经历，在这些实习中你做了什么，你参加过哪些社团/组织，在这些组织中你做了什么事情，你做过哪些项目，除了以上部分，还有什么要额外提的。内容逻辑主要是看简历需要"写些什么"，这部分主要是讲"如何才能清晰简洁地把这些内容写出来"，包括简历模板以及内容编辑逻辑。这里先着重提几点：（1）中国的校招简历一页纸就够了，请严格把自己的简历控制在一页纸上；（2）中文简历字体用黑体或者楷体均可，看整体排版情况，英文简历推荐使用 Times New Roman 字体；（3）主要内容用 10 号字即可，名字部分可以用更大一点的字；（4）中英文简历的标点符号是不一样的，注意在不同的语言环境下用合适的标点符号；（5）页边距用"窄"即可，找不到页边距的话可以百度一下。下面是一个简历模板。

有果求职（姓名）
中国注册会计师（通过XX、XX、XX），ACCA会员

电话：XXXXXXXXXX　　　　邮箱：XXXXXXX@163.com

教育背景

ABC 大学　　　　　　　　　　　　　　　　　　　　　　　　　　　　　　　上海
理学硕士 会计专业（绩点：3.5/4.0）　　　　　　　　　　　　　　　　　　201X.08-202X.06
- 核心课程：XX（100），XX（100），XX（100），XX（100），XX（100），XX（100），XX（100）
- 论文：《XXXXXXX-XXXX》
- 奖励及荣誉：XXXX 奖学金（201X，1%）

ABC 大学　　　　　　　　　　　　　　　　　　　　　　　　　　　　　　　上海
管理学学士 会计专业（绩点：3.5/4.0）　　　　　　　　　　　　　　　　　　201X.08-201X.06
- 核心课程：XX（100），XX（100），XX（100），XX（100），XX（100），XX（100），XX（100）
- 论文：《XXXXXXX-XXXX》
- 奖励及荣誉：XXXX 奖学金（201X，1%）

实习经历

ABC 公司　　　　　　　　　　　　　　　　　　　　　　　　　　　　　　　上海
审计助理　　　　　　　　　　　　　　　　　　　　　　　　　　　　　　　201X.01—至今
- XXXXXXXXXXXXXXXXXXXXXXXXXXXXXXXXXXXXXXXXXXXXXXXXXXXX
- XXXXXXXXXXXXXXXXXXXXXXXXXXXXXXXXXXXXXXXXXXXXXXXXXXXX
- XXXXXXXXXXXXXXXXXXXXXXXXXXXXXXXXXXXXXXXXXXXXXXXXXXXX
- XXXXXXXXXXXXXXXXXXXXXXXXXXXXXXXXXXXXXXXXXXXXXXXXXXXX

ABC 公司　　　　　　　　　　　　　　　　　　　　　　　　　　　　　　　上海
审计助理　　　　　　　　　　　　　　　　　　　　　　　　　　　　　　　201X.01—201X.06
- XXXXXXXXXXXXXXXXXXXXXXXXXXXXXXXXXXXXXXXXXXXXXXXXXXXX
- XXXXXXXXXXXXXXXXXXXXXXXXXXXXXXXXXXXXXXXXXXXXXXXXXXXX
- XXXXXXXXXXXXXXXXXXXXXXXXXXXXXXXXXXXXXXXXXXXXXXXXXXXX

项目经历

ABC 公司调研项目　　　　　　　　　　　　　　　　　　　　　　　　　　　上海
小组组长　　　　　　　　　　　　　　　　　　　　　　　　　　　　　　　　　201X.01
- XXXXXXXXXXXXXXXXXXXXXXXXXXXXXXXXXXXXXXXXXXXXXXXXXXXX
- XXXXXXXXXXXXXXXXXXXXXXXXXXXXXXXXXXXXXXXXXXXXXXXXXXXX

学生活动经历

ABC 大学校学生会　　　　　　　　　　　　　　　　　　　　　　　　　　　上海
文艺部部长　　　　　　　　　　　　　　　　　　　　　　　　　　　　　　201X.01—至今
- XXXXXXXXXXXXXXXXXXXXXXXXXXXXXXXXXXXXXXXXXXXXXXXXXXXX
- XXXXXXXXXXXXXXXXXXXXXXXXXXXXXXXXXXXXXXXXXXXXXXXXXXXX

其他信息
- 语言能力：英语（听说流利、读写熟练）；英语六级（XXX），英语四级（XXX），雅思（X）
- 资格证书：中国注册会计师（通过XX、XX），ACCA（9/13），初级会计职称，证券从业资格证
- 计算机技能：计算机二级证书，MS Office（熟练），SPSS（熟练），SQL（熟练），JAVA（熟练）
- 兴趣爱好：XX、XX、XX、XX

1. 个人信息板块

不论是校招还是社招简历，个人信息板块一定放在最上方最显眼的地方，为的是让面试官直接看到他要面试的人叫什么、如何联系到这个人。通常来讲，个人信息板块至少要有姓名、电话号码、邮箱、照片这四个信息。一些有含金量的资格证书也可以放在这里，让对方一眼便知道你是一个获得过资格证书的人，即便只通过了一部分科目也没关系，至少有东西可以拿出来撑场面。再者，如果该岗位优先提供给本地人的话，各位也可以把联系地址写在上面，为的不是让对方知道你的邮寄地址（至少内地极少用这种方式联系面试者），而是从侧面告诉对方你是一个地理位置很符合岗位要求的人，因为大多数岗位其实都更偏向要本地人，非本地人可能做几年就辞职回老家了，而本地人出现这种情况的概率会小很多。

当然，个人信息板块不适合放太大篇幅的信息，这和人的阅读习惯有关，如果第一眼看到的地方写满了密密麻麻的文字，那么人就会下意识地抗拒阅读，因为他无法一眼看到他要的全部信息。所以如果要加上额外信息的话，一定要记得用最简单的方式写清楚即可，没有必要写长篇大论的个人简介，既影响美观，也达不到想要的效果。

2. 教育经历板块

首先，教育经历板块从时间上应当遵循"由近及远"的原则，即时间近的写在前面。各位不必去思考背后原因，把它当作常识即可。在这个板块中，各位需要写上从大学本科开始到最近的教育经历，以及交换项目、已经确定要攻读的更高学历。（比如现在是2020年6月，而你会在2020年9月到英国某高校继续攻读研究生，那么这个学历也是需要写在简历上的，不然对方会认为你只是个本科毕业生，没有读研的打算）

教育经历板块里，各位需要写上学校名称、学习时间、学历及所学专业、地理位置等基本信息。可能各位在改简历的时候还是学生，尚未毕业，那也需要把大概的毕业时间写上，因为这样面试官才知道你大概什么时候会毕业，能否按公司安排的时间入职，这一点尤其要注意，而大概的毕业时间应当按照毕业证书来算，而非其他的文件，比如留学生毕业认证等。

再者，除了这些基本信息之外，还有一些其他的信息需要单独提一下，包括：成绩、核心课程、项目、论文、奖励及荣誉。成绩部分的取舍按之前讲到的内容逻辑来判断就好。而核心课程部分，各位可以尽量选择与审计、计算机能力相关的核心课程来写，写计算机相关课程的原因是近几年"四大"真是爱透了技术咖，为了更符合未来发展趋势，"四大"在招聘过程中已经毫不掩饰对理工科背景学生的热爱了。如果各位的核心课程成绩非常好的话，也可以写上成绩，如果不好的话，就写课程名称好了。当然，为了整体的美观性，核心课程所占篇幅不要超过一行，最好刚刚满一行，因为它毕竟是个辅助项，没必要占据太大篇幅。如果各位在写完实习经历等更有含金量的信息之后，发现简历篇幅超过一页了，可以考虑把核心课程这一板块删除，保证整体结构。

项目部分亦是如此，各位应尽量去写和审计、财务、数据分析相关的学术项目，且不要超过两行，因为项目经历本质上也是辅助项，如果简历超过一页，也可以删掉。至于内容方面，各位可以按照"×××公司财务分析项目"来写，不要写"×××公司小组分析作业"，这样会显得很没有牌面。当然，如果各位实在没有内容可以写，只好把项目经历展开了写在后面部分的话，那在教育经历部分就无须再单独写项目名称了，毕竟后面已经有了详细解释，再写就重复了。

论文是学生期间的重要产出之一，所以可将它放在教育经历部分。论文是很值得写上去的，尤其是发表过的论文，不论是否和审计直接相关。因为发表论文足以证明各位是深入思考自己所学知识的，只有传统意义上的"好学生"才会热衷于做这个事情，没有招聘者不喜欢"好学生"，所有发表过的论文都值得在简历上占有一定篇幅，以证明自己曾经的付出是有意义的。另外，各位要严格按照发表的论文题目去写，并且在每篇论文后面附上发表的期刊、发表时间以及作者名字，这样显得更专业一些，不然对方可能认为这篇论文就是个课堂作业罢了。

奖励及荣誉也是非常值得写的，"奖励"指的是各类奖学金、比赛奖项等，而"荣誉"指的是各种称号，比如"优秀学生干部"。如果各位属于拿奖学金拿到手软类的学生的话，可以适当取舍一下这部分的内容，把奖学金、有含金量的比赛奖项、比较高阶的称号写上，而类似于"摄影大赛一等奖"这种就不要写了。再者，各位在写这部分内容的时候要注意适当精简一下，比如，"×××大学2020年度校级一等奖学金"不如写成"校级一等奖学金"，再附上相应的时间和比例，这样整体格式会清晰很多，面试官也不必疯狂寻找关键信息：校级、一等奖学金、时间、比例。最后再提一句，写奖学金的顺序也请遵循在时间上"由近及远"原则，对于那些不知道比例的奖励及荣誉，各位可以适当估算一下，如若估算不出来的话，也可以不写。但对于奖学金来说，其实写上比例是更专业的，譬如某奖学金得到的人数比例为10%，那说明只有10%的人可以拿到，那么从一定层面证明，你就是前10%的存在——不仅优秀，还比90%的人都要优秀。用数字说话是很直接且清晰的，各位要学会合理使用这个工具。

3. 实习经历板块

先假设各位已经按照重要性筛选出了简历要写的内容，即已经知道要写哪几段实习了。这部分我们将直接切入正题来说内容编辑的规律。首先，所有实习应当按照时间"由近及远"的顺序来排列，这是写有时间因素的信息的通用规律，在后期的项目经历、学生活动经历等部分同样适用。实习经历板块需要涵盖五个主要信息，分别是：公司名称、实习地点、实习岗位、实习时间、实习主要内容。公司名称需要写实习公司的全称，不能只写简称，这样会显得不是很专业。至于实习地点，写公司所在地就好，比如，如果你实习的公司位于上海，但整个实习里，都在深圳出差的话，则实习地点还是以上海为准。至于时间，准确到"月"即可，没必要把具体日期也写上去，面试官不会在意每个实习到底是哪一天开始的。至于实习岗位，统一按照"××部实习生"来写即可，近些年看到很多学生会写上"实习生""助理"等字样，这是不完整的，各位需要告诉对方具体在哪个部门实习。

关于实习内容，一共有两种描述方式，用哪种方式取决于各位实习的性质是什么，最常见的实习性质有两种：职能型实习和项目型实习。职能型实习指的是在该岗位的实习里，各位只做固定类型的工作，比如贴发票、检查凭证，这类工作可能并不是每天都重复的，但回顾整个实习，都是在做单项任务。而项目型实习指的是，各位以实习生的身份加入某个或多个公司项目，参与到项目的不同周期，去协助团队完成不同阶段的各类任务。为什么要这样分类呢，是因为实习内容一般需要 3 至 5 行去描述，一般情况下，面试官首先注意的一定是第一行的内容，故实习内容描述的顺序非常重要。试想一个实习的第一行就写了：打扫卫生、端茶倒水。那面试官可能觉得这份实习的含金量不够，做的事情不重要。对于职能型实习来说，各位可以把高难度的工作写在最前面，按照工作的难度来排列顺序，即便整个实习中各位做得最多的是那些最基础的工作，而较为复杂的工作，各位只做了很短的时间，也请按照工作的难度来排序，这就是所谓的简历润色，是很正常的事情。对于项目型实习来说，如果各位从项目开始准备阶段到项目最后完成阶段都参与了的话，那么实习内容最好按照时间顺序来写，这样面试官可以整体了解各位做了哪些工作。当然，如果各位只参与了项目某个特定阶段的工作、完成了某几个特定任务的话，从本质上来讲这个实习和职能型实习没有区别，毕竟单从任务本身来看的话，没有明显的时间规律，则按照职能型实习来排列实习内容就好。

在讲内容描述规律之前希望各位注意，每个任务内容的描述最好不要超过一行，也不要出现只写半句的情况，否则，各位会发现整个简历做出来后会给人一种"参差不齐"的感觉，到处都有空白，且不整齐。简历不整齐虽说不致命，但如果一开始简历就给面试官一种"简洁、整齐、清晰"的印象的话，总归是个更好的事情。另外，要注意不要重复性地把同一个词语放在句首，这样观感也不是很好，要学会适当地用同义词。譬如："协助"与"辅助"和"通过……方法"与"使用……方法"等。

从最基础的职能型岗位来看，各位在写实习内容之前最好先梳理一下这个实习到底做了什么，而不是一开始就上手写简历，这样效率很低，也容易卡在中间写不下去。在梳理好实习任务之后，再完成工作内容难度排序、同类型工作合并这两个任务，每个实习内容最好不超过 5 行，所以要确定到底写哪些东西，一些无关紧要的任务没必要写在简历上。

理清楚逻辑之后便可以着手开始写了，首先来一个最万能的描述方式：通过××方法/××渠道，完成××次×××工作，其中包括A、B、C、D、E等，提升团队××%工作效率。当然，并不是所有的任务都需要如此全面描述，这里只是就一个标准的描述展开说明实习内容应怎么编写。这句话其实包含5个重要信息：方式、主要任务、量化部分、任务明细、成果。其中，主要任务、量化部分及成果是主要的，这三个信息可以清晰地告诉对方：你到底做了什么、做了多少、结果如何。当然，这里提到的"结果"指的是那些可以被量化的成果，而非"得到上级好评"这类比较空的反馈。所以在有条件的情况下，请记得这三个信息是不可缺少的。但是，有的任务无法被量化或者没有有成果产出的话也可以不写。方式及任务明细作为补充内容，主要是为了让对方知道整个任务更细节的部分，也可以通过这部分的描述告诉对方你的技能水平（比如，如果处理一个任务的方式是编程的话，则各位可以通过对这个任务的描述告诉对方：我会编程）。

下面以最典型的职能型实习——财务实习为例来说明一下。需要提醒各位的是：不是所有的财务实习都做一模一样的事情，所以请各位结合自己的实习内容来编写简历，切勿直接把该例子搬到简历上，否则，面试的时候各位可能不知道怎么说，且还有"撞衫"的风险。我们假设该实习的主要内容为：（1）管理员工报销（该工作的主要流程是：拿到报销申请——检查报销申请及报销发票——提交至内部系统发起付款申请——跟进付款流程/对接报销申请人）；（2）协助编制凭证（该工作主要包括：拿到各类原始文件——检查文件——提交至上级——凭证信息录入）；（3）月末整理并装订该月凭证（再次检查文件的完整性，并且负责文件装订工作）；（4）整理各种非财务资料（帮其他部门打下手）；（5）应收账款管理（偶尔打电话催账）。假设整个实习就做了这五件事情，那么在编写实习内容之前，应该先大概梳理一下每项核心任务的难度，再看看是否有任务可以合并在一起。按难度来看的话，顺序应该是：协助编制凭证、管理员工报销、应收账款管理、月末整理并装订该月凭证、整理各种非财务资料。其中凭证装订及整理非财务资料可以合并在一起，因为本质上都是资料整理，没有必要分开来说。所以这个实习的内容会有4行，每行描述一个任务，尤其要注意排版和描述方式，因为要在

"说清楚话"的基础上还"看起来很整齐"。套用基本规律，可得到以下描述。

（1）参与会计凭证编制工作，并负责相关支持性文件收集及检查、凭证信息录入等工作（日均处理30余笔凭证）

（2）独立负责10余部门员工报销工作，包括报销申请检查、金额计算及真实性审核、付款申请提交及流程跟进等

（3）完成部分应收账款管理工作，包括应收账款台账维护、账龄核对等，并定期联系未付款方，跟进付款进度

（4）协助处理其他日常工作，其中包括但不限于销售合同整理、员工资料整理、每月凭证资料核查及归档等

另外，还有一种总分式的实习内容描述方式。各位可以对比一下这两种方式哪一种更适合自己的描述习惯，取其一即可。但要注意，简历内容的排版要保持一致，如若用第一种方式，则实习经历、项目经历、学生活动经历都要使用该方式，反之亦然。下面就是总分式的实习内容描述。

（1）会计凭证编制：负责相关支持性文件收集及检查、凭证信息录入等工作（日均处理30余笔凭证）

（2）员工报销：独立负责10余部门员工报销工作，包括报销申请检查、金额计算及真实性审核、付款申请提交及流程跟进等

（3）应收账款管理：完成应收账款台账维护、账龄核对等工作，并定期联系未付款方，跟进付款进度

（4）其他日常工作：其中包括且不限于销售合同整理、员工资料整理、每月凭证资料核查及归档等

注意，在简历中各位不需要用阿拉伯数字作为每个任务的开头，用一些符号代替即可，这里只是为了让各位更好定位，故使用阿拉伯数字。

至于项目型实习的描述逻辑，其实本质上和职能型实习是一致的，只是在排序逻辑上会有些不同，且需要一个总的项目说明，以此告诉简历阅读者：这个实习是围绕着项目来开展的。这里用一个审计的实习做例子，先假设这个审计实习里，你参与了两个年度审计项目，在这两个项目里，你主要做了银行存款科目以及费用类科目，并且参与了固定资产内部控制测试工作。于是可以这样展开写这个实习。

（1）参与某能源企业及地产企业年度审计项目，协助完成部分内控测试及实质性测试工作，包括银行存款、费用等

（2）协助完成固定资产内部控制测试工作，包括梳理控制流程、识别关键控制点及穿行测试等，并备份相关审计证据

（3）获取客户银行信息明细（包括开户信息、金额、资金情况等），制作超过500份银行函证，并负责跟进相关进度

（4）根据金额、性质、时间等筛选50余份管理及销售费用样本，逐笔审查相关审计材料，确保准确性及合理性

（5）协助团队完成其他日常工作，其中包括但不限于其他科目抽样检查、调整及更新财务报告、审计资料备份等

当然，也可以用总分式描述该实习。

（1）参与某能源企业及地产企业年度审计项目，协助完成部分内控测试及实质性测试工作，包括银行存款、费用等

（2）内部控制测试：协助完成固定资产内部控制测试工作，包括梳理控制流程、识别关键控制点及穿行测试等，并备份相关审计证据

（3）银行存款科目审计：获取客户银行信息明细，制作并发出超过500份银行函证，并负责跟进函证处理进度

（4）费用类科目审计：根据金额、性质、时间等筛选50余份管理及销售费用样本，并逐笔审查相关审计材料，确保准确性及合理性

（5）其他日常工作：其中包括但不限于其他科目抽样检查、调整及更新财务报告、审计资料备份等

以上即是实习部分编写的主要内容，请各位记得实习描述的两个要点：（1）说清楚做了什么；（2）尽量写得美观一些。这二者中，前者的重要性大于后者，内容没有写清楚的话，也无所谓美观了，但如果可以的话，尽量把这两点都做到完美，这样既方便各位准备之后的单面，也给面试官留下了很好的第一印象，是值得各位花时间好好钻研的。

4.项目经历、比赛经历及学生活动经历板块

项目经历、比赛经历及学生活动经历板块包括五方面的信息：组织名称、

时间、地点、身份、主要内容。对于比赛经历及学生活动经历来说，组织名称分别写上比赛名称及所在学生组织名称即可，对于项目经历来说，各位可以直接采用"×××公司财务分析项目"这样的格式来写。时间仍然是精确到"月"，地点写实际发生地，至于身份，写"××部部长""小组成员""小组长"等。

至于内容方面，项目经历、比赛经历的编写逻辑与项目型实习一致，因为都属于以项目为中心的内容，可按照时间先后顺序来写。学生活动的内容可以按照职能型实习的逻辑来编写，因为各位在学生组织中负责的活动可以按不同职能进行区分，如活动组织、新闻稿撰写、部门招新等，按类别和难度区分后展开描述即可，这里就不做过多分析了。需要注意的是，如果各位并没有与"四大"审计有关的经历，或者其他非常有含金量的经历的话，那每一段经历的描述写3—4行即可，简历篇幅有限，应该主要写那些有含金量的经历。

5. 其他信息板块

其他信息板块是指那些不能归到教育背景、实习经历、学生活动经历、项目经历、比赛经历中，但对求职来说又比较重要的信息。一般来说，其他信息包括：语言能力、计算机能力、资格证书。这些能力也需要在简历中体现出来，各位按照模板上的来写即可。

①语言能力：中文（母语），英语（听说流利、读写熟练）；英语六级（555），英语四级（666），雅思（7）

②资格证书：中国注册会计师（通过××、××），ACCA（9/13），初级会计职称，证券从业资格证

③计算机技能：计算机二级证书；MS Office（熟练），SPSS（基础），SQL（基础），JAVA（基础）

5.3 英文简历编辑逻辑

其实从本质上来说，英文简历和中文简历内容应该完全一致，只是语

言不同，也许对于个人信息、教育背景、其他信息板块来说是这样的，但对于经历类的内容来说，却并非如此。这里再强调一下实习内容的编写要点：①说清楚做了什么；②尽量写得美观一些。文字的翻译不影响"说清楚做了什么"，但绝对会影响"尽量写得美观一些"，同样的信息用中文和英文表达，所占的篇幅可能大不一样，这就使排版变得十分不可控。下面就介绍一下英文简历的编辑以及应注意的问题。

1. 标点符号

英文的标点符号和中文的标点符号不一样，一个是半角，一个是全角。如果用心观察的话，会发现中英文标点混用会导致整个简历的排版非常不自然，总觉得哪里多出了一块，对于冒号、逗号的混用，各位可以用 Word 的替换功能一次性解决。另外要注意的是，中文是有书名号"《》"的，而英文是没有这个符号的，英文的书名和文章题目可用双引号括起来或用斜体。有论文的同学要尤其注意，论文题目需要用斜体。另外，英文中没有顿号，用逗号隔开同类项。

2. 翻译方式

把中文简历译为英文要注意的问题：①奖学金、比赛奖励等的翻译。很多同学会硬翻译，比如把"校级三等奖学金"翻译成"Third-level Scholarship of ××× University"，其实各位直接翻译成"3rd Scholarship of School level"即可，用数字会更醒目。②课程、论文的翻译。很多同学只把首字母用大写，但对课程、论文来说，除介词之外的每个单词首字母都应该用大写，希望各位尤其注意。至于其他内容，正常翻译即可，因为它们更像是名词翻译，而非句子翻译。

对有具体内容描述的经历，各位在翻译的时候尤其注意动词要用过去式，这样更专业一些，切勿用名词和介词开头。举个例子，比如"根据金额、性质、时间等筛选 50 余份管理及销售费用样本，逐笔审查相关审计材料，确保准确性及合理性"这句话，不要译成"Through amount, category and time to sort more than 50 samples…"，可以译成"Sorted over 50 samples of ××× and

×××accounts, and…",所以切勿硬译,不然各位的英文简历会变得非常奇怪。当然,目前各位可能还需依赖线上的翻译平台进行翻译,这样不是不可以,但一定要自己再调整一下,用"动词过去式开头"并且尽量不要用重复的动词开头。

3. 如何控制整体排版

上面是告诉各位如何"说清楚做了什么",那下面就说说如何"尽量写得美观一些"。与中文简历一样,如果英文简历有很多空白处穿插的话,整个简历会显得非常凌乱。所以各位在翻译简历时要学会取舍,在之前的实习部分提到过一句话:通过××方法/××渠道,完成××次×××工作,其中包括A、B、C、D、E等,提升团队××%工作效率。这句话其实主要包含5个重要信息:方式、主要任务、量化部分、任务明细、成果。其中,主要任务、量化部分及成果这三个信息最重要,可以清晰地告诉对方:你到底做了什么、做了多少、结果如何。按中文来说,这句话也就一行半左右,但英文可能就需要两三行,如果每部分内容都这么不可控的话,那英文简历长而且不美观再正常不过了。

所以,在翻译时,不用严格按照"1∶1"来翻译,保留最核心的信息即可,即主要任务、量化部分及成果。如果写完这三个信息后,还有一些空余的话,可以适当展开写一些细节/具体信息,这取决于整体排版。如果中文简历写了三个细节信息,英文简历只写两个细节信息的话,那也是十分正常的,毕竟核心信息才是最关键的,其他部分适当取舍没有什么问题。

至于核心课程、奖励及荣誉等内容的排版整理,各位可以根据实际情况来取舍,如果内容实在太多的话,适当删除一点也是可以接受的。总的来说,不要有"中英文简历就应1∶1翻译"的想法。

最后,改完简历后一定不要忘了自查,标点符号不统一、句子不完整、中英文夹杂、格式混乱等问题都是很常见的,不要犯这种细节错误。

offer

第 6 天
网申要点

6

第六章

网申要点

由于"四大"网申信息属于各家原创内容，故这部分就不再用大量图片来说明每个空白应该填什么，主要为各位梳理一下"四大"网申的要点。如果各位在网申的时候对某一板块非常疑惑，则可以对应着看一下相关建议，当然，最好是先看完讲解再网申，以免主动出错。

6.1 网申筛选逻辑

经历过网申的各位肯定都知道，现在的线上申请并非直接上传电子版简历，而是需要逐个填写对方要求的信息。为什么这么做呢？因为并不是所有人的简历信息都符合企业要求，而标准化的信息内容可以让 HR 更好地对比筛选候选人，故需要一个统一的申请系统。笔者想强调的一点是：对大多数网申而言，"早期简历好看与否"与"是否能通过网申"这二者之间的联系其实真的不大，网申筛选的是各类背景信息，而非各位的简历模板，即便有的网申要求上传电子版简历，但上传的简历不是用于筛选的，而是用于后期面试时打印。所以，决定各位能否通过网申的关键在于背景情况是否符合公司筛选要求。

可用三个词形容网申系统：打分制、单项筛选、过滤。"打分制"的意思是：企业会给不同的需求确定一个分数，分数的高低取决于企业的重视程度。比如一个企业对候选人的英语水平要求较高，则会将英语分数设置成不同的档次，最高档次为 5 分，第二档次为 3 分，以此类推。那么，在候选人填写完自己的网申信息之后，就会形成相应的总分数，企业再通过分数来筛选进入到下一轮次的人，从而公正、量化地完成第一轮筛选。

"单项筛选"的意思是：企业会给一些特别重视的选项开设"特别通道"。以"四大"为例，如果各位是目标院校的学生的话，就会发现，即便在其他方面处于劣势，通过"四大"网申并不是一件非常困难的事情，这多亏了各位的学校光环。就"四大"来说，学校、证书、"四大"审计实习这三个因素都可以构成光环，但学校因素是其中最明显的一个。当然，并不是说非目标学校的人就不能通过"四大"网申，毕竟目标院校的人往往是填不满"四大"每年的招聘需求的。

"过滤"的意思是："四大"会设置一些申请底线，如果各位满足不了最基本的底线的话，基本就过不了网申。最常见的底线是毕业时间，其实不只是"四大"，很多公司在校招时都会限制学生的毕业时间，有的是要求毕业三年以内，有的则要求必须是还有一年才毕业的应届生。每年笔者都可以看到很多毕业一年才开始求职的候选人，这些候选人无论怎么改简历都无法通过大多数网申，就一个空格卡住所有。各位可以注意一下每家公司的要求，这些是会在招聘说明里写清楚的。当然，也有一些软底线，比如英语成绩，"四大"中某一家对英语成绩卡得非常严格，六级分数在 520 分之下的候选人基本是过不了网申的，但也有特别情况，如果 520 分以上的人满足不了招聘需求、各位的学校光环太耀眼了等，还是有希望通过网申的。

6.2 信息的正确填写方法

各位完全可以自制一个网申信息表，因为大部分网申的内容是一致的，与其一遍一遍地输入，倒不如复制、粘贴来得直接，各位应该把重点放在后期准备上，而非网申这个环节。当然，如果有的公司要求不同，要注意适当调整内容。另外，各位一定要尽量把网申能写的地方都写满，之前提到过，网申是打分制的，"交白卷"就不好了。由于"四大"网申系统内容大同小异，故不再分具体公司来写，而是汇总了来写。

1. 个人信息

个人信息一般包括：姓名、身份证号码、手机号码、户口所在地/居住地、邮箱、备用邮箱、紧急联系人及联系方式等，各位如实填写即可。需要注意的是，如果网申时各位正身处国外，则一定要留一个国内的电话号码，可以自己去办理，也可以留比较信任的人的号码，并且告知对方：最近自己在求职，不方便留国外电话，所以如果有企业打电话来安排面试，一定要第一时间告知自己。笔者见过很多同学在留学期间求职，并且很老实地在网申系统里填写国外的电话号码，殊不知企业不一定可以通过这个号码联系到你，并且有的企业比较抠门，觉得国际长途电话太贵了，于是就把各位顺移到后期面试，移着移着就招满了，也就没各位什么事儿了，这并不是小概率事件，而是非常常见的。再者，如果网申系统要求各位填写的是居住地，而非户口地址的话，各位最好别写太过遥远的地方，这样 HR 会认为各位不方便回来面试，一来二去可能也就耽误了。

2. 学校信息

学校信息一般包括：本科及研究生毕业学校、本科及研究生专业、本科及研究生学位类别、成绩、成绩排名、开始时间、毕业时间/预计毕业时间。在这部分，需要注意的有 4 点：①成绩。很多同学可能并没有一个官方的绩点说明，因为不是所有的学校都按照绩点来打分，有的是按照学位等级，有的是按照平均分，还有的虽然有绩点，但计算标准跟网申系统不一致（系统一般以 4.0 或 5.0 为满绩点计算，但有的学校按照 7.0 为满绩点计算），这个时候，各位需要借助换算工具，换算出符合网申要求的绩点。各位无须担心自己的官方成绩单不是绩点形式，HR 会认的。②学校及专业名称。大多数网申系统会要求各位在系统内选择自己的学校和专业，而非通过电脑输入，这是因为有的学生写学校简称，会导致之后数据不一致。但是，有些学生会发现自己的学校和专业并不在清单之内，至于学校，各位只能选择"N/A"，然后手动补充填写，至于专业，各位选择一个最贴近自己本专业的选项即可，毕竟各学校的专业名称可能大不相同。③成绩排名。很多同学根本不知道自己的成绩排名，学校也不出具相关的证明，不知道怎么写才是对的，而企业也根本无法确定该信息的真实性。所以，对于成绩排名可以根据自己的奖学金情况来写，比如在大一的时候各位获得了一等奖学金，而全班只有10%的人获得这个奖学金，即便各位只获得过一次一等奖学金，也可以写自己是成绩排名前10%的学生。④毕业时间。毕业时间指各位毕业证上的具体时间，而非各位的留学认证等其他相关证明上的时间，这一点很多企业在招聘说明中会予以说明。所以，毕业时间不符合企业要求的，要注意规避这个劣势。

3. 奖学金及奖励信息

奖学金信息一般包括：奖学金类别、奖学金级别、奖学金描述、获得时间等。各位如实填写即可。需要特别说明的一点是，很多同学不知道该写哪些类型的奖学金：比赛要写吗？其他活动的奖励要写吗？当然要写，有什么写什么，多好的筹码啊，各位不需要那么"谦虚"，请尽情表现自己。当然，如果各位有很多奖学金/奖励，而系统最多只给了5个奖学金空格的话，那么就要考虑它们的重要性了。一般来说，学习成绩、比较有名的竞赛（比如挑战杯）、比较高层次的荣誉称号（比如"校级优秀学生干部"）等的含金量是高于其他类别的奖励的（比如摄影大赛三等奖）。如果各位在每个板块都有拿得出手的奖学金的话，可以适当每类写一个，证明自己是个方方面面都很优秀的人，但摄影大赛三等奖之类的奖励是最次要的，实在没地方放的话可以安心放弃。

4. 实习信息

实习信息一般包括：对方公司名称、公司类别、实习时间、岗位、实习内容等。有的网申会让各位写上相关薪资，其实这不是因为企业在意各位的实习薪资，而是企业把社招那套网申系统直接搬到校招来了而已，毕竟实习薪资是没有什么参考价值的。关于实习信息有两点要注意：①对方公司名称要写全称，这和简历的逻辑是一致的；②公司类别最好最好与申请的职位相关。比如各位有在"四大"实习的经历，那么为了让自己的信息更贴近企业招聘要求，各位可以把"四大"归为"'四大'类"，这才是直接相关的。至于其他信息，直接复制、粘贴简历上的内容即可。

5. 学生活动信息

学生活动信息一般包括：社团规模、社团名称、职位、主要内容等。并不是所有的网申都有学生活动板块，这足以说明其实"四大"并不像它们自己标榜得那样在意学生活动，否则，一定会把这部分信息作为筛选项。当然，有的网申不要求写活动的细节，只需填写各位的头衔，即你曾经担任过的最高职位，然后列出"校级学生会主席""院级学生会主席"等选项。一般情况下，"学生会干事"是不会被列在选项里的。

6. 语言能力信息

语言能力信息一般包括：语言能力描述、相关证书。关于语言能力描述，各位需要说明自己对于不同语言的听说读写掌握程度，可以适当润色一下自己的语言水平，当然，如果没有到非常厉害的程度的话，写个"流利"还是可以的。相关证书部分，各位可以用上大学英语四级、大学英语六级、雅思、托福、GMAT、GRE等考试成绩，当然，各位需要注意这些证书是否已经过期，对于那些要求提供相关证书的公司来说，各位最好不要写已经过期的英语成绩。如果网申系统里只有两个空格填写相关证书的话，各位可以从成绩和相关度这两个方面来筛选写哪个。如果各位 GMAT 分数为 680 分、雅思为 7.5 分、大学英语四级为 580 分、大学英语六级为 590 分的话，就可以取雅思和大学英语六级的成绩。如果各位 GMAT 分数为 720 分、雅思为 6.5 分、大学英语四级为 580 分、大学英语六级为 520 分的话，各位则可以取 GMAT 和大学英语六级的成绩。因为即便各位在四级考试中获得了更好的分数，它毕竟是个低端一点的考试，如果写了四级成绩而不写六级成绩的话，对方可能认为各位根本就没有通过六级考试，这会得不偿失。

7. 资格证书

资格证书一般包括：各个国家的会计资格考试、各个国家的金融相关考试等。网申系统会要求填写所获得证书的名称、获得时间等信息，如果各位尚未拿到证书，会被要求写上已通过的科目数量。当然，各位在"四大"网申的时候一定会发现，类似于初级会计职称、会计从业资格证等是没有的，这是因为，这类证书的认可度不高，有没有这类证书对四大审计来说并没有那么重要。好了，资格证书如实填写即可。

8. IT 技能

在德勤的网申系统中，这部分是十分"夸张"的，各位会看到各种各样的编程语言、分析工具等选项，你需要选出自己了解的工具，以代表自己的计算机能力。当然，也有"温柔"一点的网申会让各位开放性填写自己的 IT 技能，比如 Excel、Word 等。其实，填写时，各位可以适当润色一下自己的水平。比如对于那些大概入门的 IT 工具，各位可以写"了解"，对于可以独立使用主要功能的 IT 工具，各位可以写"熟练"。要知道，"懂得一些编程语言"这个事情对于四大审计来说，是个隐藏的优势，这里就点到即止了。

9. 其他信息

有时候网申会问各位有没有参加过一系列没有听说过的考试，比如香港的会考等。这时候有的学生就慌了：糟了糟了，我都没有考过，全部都选"NO"吗？是不是很有劣势啊？他们都考过吗？为什么我都没有听说过这些东西啊？各位不必担心，没有写"NO"就好了。各位会看到这些信息的根本原因是："四大"香港所和内地所共用一个网申系统，而香港所是会看这些相关考试的。

10. 开放性问题

截止到 2020 年，保留开放性问题的公司只有德勤和毕马威，德勤的开放性问题的主体意思是：你的能力与你的未来规划。要求在 300 字以内。各位可以参考单面部分的"你为什么选择做审计"和"职业规划"部分的回答，这里就不再写一遍了。毕马威的开放性问题其实根本就不是开放性问题，更像是网申部分的补充问题，因为毕马威的网申系统不要求各位写学生活动信息，所以就在开放性问题部分问：说一个你所在的学生组织，并说明它的名称是什么、规模多大、你的角色、主要职责。这个开放性问题一点都"不开放"，各位细看的话，像是把几个填写活动信息的空格组合成了一句话，所以分点回答清楚就好：①组织名称：ABC大学校学生会；②组织规模：校级组织，50人规模；③担任角色：文艺部部长；④主要职责（复制、粘贴简历内容）。当然，要写拿得出手的社团。

11. 相关文件

说到相关文件，就不得不提安永了，安永对候选人的背景调查是"四大"中最严格的。各位会被要求提供：毕业证、官方成绩单、实习证明、资格考试证书、语言成绩证明、奖学金／奖励证明等。总的来说，你在网申里说你有的东西，都应该有相关证明。一个一个来说，毕业证和官方成绩单应该有相关的签字或学校盖章，不能只是一个官网截图，但是，如果各位真的临时拿不出盖章的文件的话，先取一个官方截图，之后再补官方文件也不是不可以。至于实习，官方的实习证明是最好的文件，但不是所有的实习都会给这个文件，各位也可以让前领导帮忙写个推荐信，再签上字附上名片，这也是可以接受的。资格考试证书、语言成绩证明、奖学金／奖励等都应是官方出具的文件，没有的话就只能补了。所以，各位应该注意，有些文件是很难找的，为了避免之后匆匆忙忙地补文件、找文件，不如在一开始就先整理好所需文件，查漏补缺，以免耽误求职，得不偿失。

offer

第 7—8 天
笔试准备

7-8

第七章

笔试准备

就 2020 年的情况来说，德勤用的是 SHL 公司的新产品题库，安永用的是行测类笔试，毕马威和普华永道用的均是游戏测评，笔试的变动性较大，请各位务必结合当年情况来准备。再者，由于版权原因，本书不能太详细地讲解每个笔试的具体题目，故仅针对不同类型笔试的风格、包含内容做介绍。

7.1 德勤笔试介绍

就风格来说，SHL 新产品题库的优势在于：题目样式多变，包含计算、逻辑、时间及地点安排、排序等，整体难度不大但对时间要求很严格。它要求候选人快、准、狠地完成所有题目，由于这类考核方式比较新颖，所以很多同学拿到题就慌了。但就考核而言，在笔者看来，SHL 新产品题库的最大劣势在于：题库整体的量并不大，而且德勤喜欢"逢人便给笔试"，所以在做了几套题之后就可以发现：考来考去就那些题。只要刷过一遍，就基本没什么问题。这或许对很多同学来说是个好事，但并非如此，因为知道有题库的人很多，各位都是练一下就可以了，这时候德勤就不能只依靠笔试成绩筛选了，那看什么呢？这不就又回归到看简历了吗。所以，除非各位的背景属于"'四大'亲儿子"那种，不然，"失去笔试优势"事情就很麻烦了。

由于题目都是从题库里随机抽取出来的，故有时候各位不一定会遇到所有类型的题目，但谁都无法预知自己会遇到哪些题，所以还是要逐一准备。对于 SHL 笔试来说，各位在做完一道题目之后，是不可以再回到上一道题的。所以，切勿在一道题上浪费过多时间，如果发现实在做不出来，还不如适当放弃，毕竟完成度和准确度对于这个测试来说都很重要。

7.2 安永笔试介绍

再来看安永的笔试题，就近些年的情况来看，安永的笔试是非常多变的，从早期的 GRA 笔试，到 Cut-e 笔试，再到游戏测评（"四大"中安永是第一家使用游戏测评的公司），然后到现在的行测类笔试。安永的行测类笔试通常包括四个部分：语文、数学、逻辑、性格测试。

语文部分主要是词语分析；逻辑部分主要是图形判断；而数学部分的题类似于应用题，给各位一堆文字和数字信息，再根据这些信息做计算；性格测试就是一系列对个人或工作情景的描述，各位选择从最符合到最不符合的选项即可。其实就行测来说，它的题型是远远不止这些的，比如语文部分可能还有病句判断、前后文分析、文章总结等，但安永取了其中最简单但又最复杂的词语分析部分。为什么说最简单呢？因为单个词语分析肯定比句子分析的信息要少一些。但为什么又是最复杂的呢？因为除非各位大学是学中文的，不然基本上早就忘了很多同义词的具体含义与微妙差异了，故这部分看起来简单，实则非常烧脑。行测中的逻辑题分为数字逻辑与图形逻辑，数字逻辑就是各位比较常见的数列，这种题在互联网企业的笔试里很常见，每年都会产出一两道"世纪难题"，在有限的时间内能想出来的人都会被网友奉为"大神"。而图形逻辑有较为简单的找不同类型，也有较为复杂的推理逻辑，比如从前面的几个图形中找出变化规律，从而推断出下一个图形是什么样的。安永的行测里只有图形逻辑，且整体难度不大，远小于行测的平均水平，这看起来是个简单的事情，但并非如此，因为安永的笔试时间很紧张，各位需要非常快速才可以按时完成。至于数学部分，安永的笔试就很贴近行测的平均水平了，但令人疑惑的是，即便数学部分的整体难度明显大于其他部分，安永还是把时间卡得很严格,如果不刷题的话,很难有人真的能快准狠地完成所有题目,毕竟它不是简单的计算,而是有大量的信息需要各位阅读的。很多人肯定会纳闷,为什么笔者要在这里比较一般的行测题目和安永的行测题目呢?因为安永的行测题有一个很严重的问题:题库不丰富。所以在考试之前,各位只需要认真刷一下题就够了,毕竟遇到 90% 的原题根本就不是什么问题,即便安永的笔试要求各位开摄像头又如何,各位早就已经将答案熟记于心了,不是吗?

7.3 毕马威与普华永道笔试介绍

普华永道和毕马威近些年都用的是游戏测评,各位需要做各种各样的游戏类题目,包括:打气球、开锁、识别面部表情、快速判断正误、随规律快速点击相应按钮、充电、记位置、图形逻辑、标价、数学计算。其中,数学部分是普华永道独有的,有时候普华永道不考数学,这就和毕马威考核的内容一样了。游戏测评在近些年非常火,最早由快消公司使用,近些年慢慢延伸到了"四大"。这类题的特点是:能力与性格一起测。比如开锁、快速判断正误、随规律快速点击相应按钮、记位置、数学计算、识别面部表情、图形逻辑,就考核了各位的反应力、抗压力、专注度、记忆力、计算能力、情绪识别、逻辑思维等。而充电、标价、打气球等考核了各位的性格,比如保守与否、更倾向于用直觉判断还是用客观事实判断等。由于这些题考核的内容非常间接,故各位很难有意识地去塑造不同的人格,比如开锁题,假设在没有帮手的情况下,即便各位知道开的锁越多越好,但后期随着开锁难度的增加,完成全部任务会变得越来越复杂,所以不一定就能全部完成。这就是这类题"高明"的地方,它被刻意操纵的因素很少。

对于游戏测评来说,各位在完成一部分测试之后便进入下一轮测试,并且不可以回到上一部分重新再来一遍。理论上来讲,该笔试是允许中途休息的,所以各位可以在完成一部分测试之后退出休息,想要继续的话重新登录即可,但是重新登录意味着各位可能看不到完整的分数,这是系统问题,并非各位就失去了前面题目的分数。另外,游戏测评有个很人性化的地方,即做完测试之后各位可以看到自己的总分,并且会拿到公司官方的测评报告。这意味着,各位是可以看到最终结果的,只不过这个分数和报告都不能直接告诉各位是否能进入到下一阶段,那是公司 HR 去判断的东西。

总的来说,准备笔试的方法很直接:大量练题。既然大部人都会提前练笔试,则各位也要做到这一点才是,对自己的现场发挥能力不能太过于自信,不然笔试现场就会变成光脚的和全副武装的 PK 现场,好好练吧!

offer

第 9—11 天
群面准备

9—11

第八章

群面准备

群面一直是很多同学很怕的环节，有的人怕自己不会分析，有的人怕自己开不了口。在笔者看来，这两个问题的严重程度其实不分上下，不会分析的即便开口也说不出什么内容，开不了口的人即便会分析也无法让面试官知道自己会分析，两种情况都不好，当然，更别说那些既不会分析又不敢开口的同学了，双重惨。在这部分，笔者将带各位逐一突破群面关卡，慢慢来，想要在群面中成为最耀眼的那个人一点也不难。

当然，此处更多的是描写各类案例的分析思路，想要突破群面还需要大量的练习。各位可以关注有果求职的培训，获得更完整全面的案例分析讲解及专业练习，有针对性地进行准备，以获得更高的通过率。

8.1 "四大"群面设置介绍

总的来说，四大审计的群面基本都是以现场方式完成的，人数在8—12人。

从材料分发的方式来看，德勤和普华永道曾有过分开发放的方式，即每个人拿到的材料是不一样的，各位需要先做信息整合才能开始案例讨论。一般来说，"四大"群面案例材料都是统一发放的，即每个人拿到的材料是相同的。

从时间来说，案例阅读的时间一般在15—20分钟，讨论时间为20—40分钟，具体看每年公司的安排。

从流程来看，"四大"群面一般情况下以"简要的自我介绍、案例阅读、小组讨论、结果汇报"形式展开。当然，也有特殊情况，例如，安永曾在小组讨论之前增加了单独汇报的环节，确保每个人都要分析案例，以防有人浑水摸鱼。而普华永道则很喜欢在阅读案例前加一个破冰游戏，并且每年都会变换游戏方式。毕马威曾在群面环节去掉了结果汇报，从而缩短整体群面时间。德勤也曾在群面讨论前增加了个人汇报。

从讨论方式来看，四大审计主要的玩法都是以一个小组为单位进行讨论，小组成员一起讨论出结果。而近些年普华永道的 Sprinter 和全职面试，都将群面的人分成 A、B 两个小组，各小组会提前知道自己的持方，并且需要认真思考如何证明自己持方的合理性。

从案例类型来看，四大审计的全职面试案例均为全英文商业类案例，而对于非全职的面试来说，则更多的是选择、策划等非商业类案例。

总的来说，"四大"每年的群面玩法可能会有变化，但不论如何变化，都是为了更好地考核候选人水平，本质是不会变的。

8.2 群面测试点及通过率

除了自带的一些测试点之外，群面还有个特殊的功能，即对比。企业一般都有自己的筛选标准，但水涨船高，在很多人满足基本筛选条件的情况下，群面可以帮助企业通过对比筛选出"更好的"候选人，这也是为什么绝大多数企业都设置群面环节的原因，即能同时考核多个候选人，对比出谁才是更好的。总的来说，群面环节企业主要考核的是：商业思维、逻辑思维能力、团队协作能力、沟通能力、演讲能力、抗压能力、应变能力、时间管理能力、英语水平。这些都可能作为评分项目，但毕竟不能把所有能力都作为评分项（太麻烦了），故有的企业会将逻辑思维/商业思维、沟通能力、团队合作能力、团队贡献、英语口语等设置成打分项，在没有明显短板的情况下，综合评分越高的候选人，就越有可能通过群面。简单来讲，逻辑思维看的是各位能不能有条理地完成案例；沟通能力看的是各位能不能有效输出自己的想法；团队协作能力看的是各位能否与小组成员有效合作、共同产出；团队贡献则看的是在这个案例的分析过程中，各位到底给了多少有效的建议和付出；口语就不必多解释了。

最后，各位要记得，群面看的是一个团队的整体表现，而非只看个人表现。对于"四大"来说（尤其是分 A、B 两组比拼的情况），群面通过的人数取决于你是在强组还是弱组：如果是强组，可能大部分人都可以通过，如果是弱组，则只有少部分比较优秀的人可以通过。比如在强组里，可能 8 个人可以进 6 个人，而弱组里，可能 8 个人只能进 2 个人。所以，各位在注意个人表现的同时，也要注意团队整体的输出，否则，如果遇到一些目标院校的竞争者的话，就会明显处于劣势。

8.3 常见面试案例类型及分析要点

首先，各位需要明确一点：非商业决策的选择类、辩论类及策划类案例多出现于"四大"的实习及学生俱乐部面试中，因为没必要"为难小孩子"，所以就用比较简单且日常的案例作为考核内容。至于全职面试，"四大"考核的全部都是英文版的商业案例，有问题解决类、利润提升类、市场进入类等。有时候这些案例类型没法分得那么清楚，比如某个案例要求各位解决利润下降的问题，这个案例实质上就是个利润提升类案例，需要用利润提升方法去解决。当然，分析这些案例其实并不要求各位是某一领域的"专家"，或者必须是商科背景出身的人才行，更多的是看各位的逻辑思维能力，看是否能在有限的案例信息里，找到适合的方案。

1. 非商业案例

（1）选择、排序类

案例描述

假如一个热气球漏气了，气球上有 12 个人（已给出 12 个人的基本情况），体重都一样，现在必须推一个人下去才能保证热气球不坠落，应该推谁下去？这就是个非常典型的非商业决策的选择类案例，这类案例的特点是：短而开放。"短"决定了各位没有很多时间全面思考，"开放"决定了不同的组员一定有不同的"答案"，那就注定了各位的讨论会非常精彩，最后的选择取决于谁的答案更有说服力,或者说谁抢占了先机,拉到了更多的支持。有时候,由于这类案例的答案并不明确,在讨论中谁都不让谁,最后只能举手投票,少数服从多数,这其实对被淘汰方来说是非常不友好的,好像自己付出的思路和努力都白费了一样。所以要想胜出,各位要么抢占先机,要么及时站好队,才能有生存空间。

逻辑要点

在这类案例里,大多数人都会犯一个错误,即先说答案再说原因。这就像大多数人写论文一样:先给出一个结论,再找大量证据去支持已给出的结论。从逻辑上来说,这非常不合理,也非常不完整。

选择类案例的逻辑应该是:①找出关键判断点,作为筛选的依据,而这一步是先判断哪些是重要的参考因素,当然,各位也可以针对不同的关键点确定重要性水平,例如A因素应该占20%的比重,B因素只能占10%的比重;②代入关键点分析每个选项,将已有信息代入到每个判断点里,先整合所有选项的情况,别急着下判断;③综合评定最终选项,在一个直观的统计表格里,各位可以通过打分的方式判断"最优选择",如果出现分数一样的情况,则可以再次讨论这些判断点中,哪个更为重要且不可替代。当然,如果各位不想打分,而是凭借对已有因素的分析直接下判断的话,也不是不可以,具体看讨论推进情况,完全不强求。

还是用热气球案例来做例子,各位在分析的时候应该有这样的思路:①关键点,比如社会贡献、社会影响力、知识储备、剩余价值、性别等,并假设每个因素的比重是一样的;②代入关键点进行分析,分析每个人对应所有关键点的得分,逐一整理,待之后使用;③综合评定,将分数加总,分数最低的人最先被舍弃。

其实各位把自己放在案例环境中思考就好了,如果你就是这12个人中的一个,且必须推一个人下去其他人才能生存的话,如何最公正地筛选出那个人呢?最好的方法就是综合评定。很多同学在讨论的时候,看法过于单一,比如会说:推A下去,因为A最老,也活不了多久了。这个时候各位就只考虑了"剩余价值"这个选项，但如果这个老人是诺贝尔奖获得者，一生都在为科学奉献，而其他人都杀人无数、一旦下了热气球就又开始滥杀无辜的话，这时候各位还认为应该只按剩余价值来判断吗？这明显是不妥的。所以，先看标准，再代入分析来做最终评定才是更公正的方法。

最后要提醒一点，这部分讲的选择类案例的分析逻辑适用于所有以"选择"为主要任务的案例。如果各位遇到那种很全面的案例，比如，策划一次学生活动，给出活动主题及主要安排。各位在讨论时如果有需要选择的情况，不必一定用刚刚所提到的方法，大可以直接用"先给答案、再说原因"的方法，为什么？因为针对全面案例来说，各位的讨论的目的并不在选择，而是完成整体任务，"制定指标再选择"这个过程是比较耗费时间的，在时间不充裕的情况下，不必强求，否则，因小失大就不值了。

（2）策划类

案例描述

公司要策划一次年会活动，请问具体怎么策划、如何执行？案例中给了可以开年会的时间、地点信息，也给了预算及物料费用的信息，同时，也给了一些比较重要的人物的特别要求等。这种案例一般有两种呈现方式：①确定年会的主题、时间、地点即可；②在确定了主题、时间、地点等信息之后，再做一下活动整体规划。总之，这类案例的特点可以用4个字来形容：中规中矩。何为"中规中矩"呢？就是各位老老实实地确定重要信息，并按活动前、中、后三个时期做好规划就行了，像有固定流程一般，依次执行即可。

逻辑要点

如果各位遇到的是第一类情况，即确定年会的主题、时间、地点即可，那么，这个案例看起来是个策划类案例，实则是个选择类案例，但与纯选择类案例不同的是，这类案例里会有很多已知信息，可以帮助各位做筛选。比如给定的时间内，只有一天符合所有重要人物的特别要求，那么这一天就是最终选项。整个过程就像在做排除法。

遇到第二种情况，各位则先需要确定"待定选项"，再做策划，策划的逻辑很简单：活动前期、活动中期、活动后期。在活动前期，各位可以进行预算申请、物料采购、场地预订、场地准备、人员安排、活动节目筛选及彩排、活动宣传、活动信息通知工作等；活动中期主要做的是现场秩序管理、临时事件处理工作等；活动后期主要做的是后续场地维护、第三方对接与资金结算、活动文案整理归类、活动分析等工作。这个流程几乎适合所有类型的活动，各位在讨论的时候只需要做一点延伸即可，比如根据预算来确定物资采购的数量。

其实，对于这类案例来说，计算物资金额可能是唯一需要用到计算能力的地方了，也是唯一有难度的地方，如果各位想突出自己的存在感的话，那么可以有所贡献。

（3）辩论类

案例描述

应不应该取缔纸质门票，使用电子门票？A组：应该，B组：不应该。这是个非常典型的辩论类案例。普华永道在筛选寒假实习生的时候很喜欢用这类案例，看似简单，实则非常烧脑，因为给各位的时间非常有限，且这类话题很多变，很难通过"面经"去提前思考，只能依靠自己的日常积累和聪明的头脑。如果各位被分在天生的"劣势组"，试想一下，在面试还未开始之前，各位就觉得自己所在持方站不住脚，还非得强词夺理说自己是对的，这真的很考验人的抗压能力与逻辑思维。

逻辑要点

辩论类案例一般是由开放性问题构成的，故没有非常明确的分析步骤，更多的只是"脑洞提醒"，这里把它分为4步：①识别关键词，识别关键词的意义在于寻找切入点，如果各位实在没有想法的话，倒不如尝试着"从鸡蛋里挑骨头"，硬给己方观点找说法；②逐个分析，对于己方捍卫的观点，各位需要思考有什么好的，而对于对方捍卫的观点，各位需要思考有什么不好的，总的来说，自己的好就是好，对方的不好也是自己的好；③动词分析，很多动词都是十分绝对的，比如"取缔""取消""全面采用"等，既然很绝对，就可能存在漏洞；④对策思考，把对方想象成自己的完美对立面，即对方也完成了"逐个分析"及"动词分析"步骤，则在有时间的情况下，各位需要思考如何应对对方的反驳与攻击。

这里以"应不应该取缔纸质门票，使用电子门票？"这个题目为例，假设各位的持方为"不应该"，则思路可以是：①识别关键词：取缔、纸质门票、电子门票。②逐个分析。纸质门票的好处：留作纪念（很有意义的留存）、便于检查（手机拿来拿去很麻烦）等等。而电子门票的坏处是：安全风险（盗号、二维码泄露等）、依赖移动设备（假如刚到演唱会场地入口手机就被偷了且无纸质门票的话，是非常尴尬的）等。这时候，各位就有4个点可以说了。③动词分析。"取缔"的后果很严重，细想一下可以发现"取缔纸质门票"根本不可能，因为有的人没有智能手机，那这些人就不能看电影、看演唱会了，这不公平。再者，即便这个措施可以完全落地，但有人就想留作纪念，难道连最后的一丝念想也要被剥夺吗？这不合适。④对策思考。对方肯定会从环保角度和门票遗失等角度说明应该取缔纸质门票，则各位的应对方式可以是：一是提出解决方案，例如用环保纸张替代传统纸张，提醒遗失门票后果的严重性，尽量减小相关风险。二是坚持认为自己的观点才是正确的，比如扯回到"没智能手机就不能看演唱会"了。三是适当退缩，退一步表示电子门票的确更环保，也可以适当减少纸质门票的使用，但取缔是不可取的。这样一来，从整体来看，各位还是赢了的。

2. 商业案例

在讲商业案例之前，笔者想带各位看一下常见的案例的源头到底在哪里。假设A是个非常有生意头脑的人，想要开公司赚钱，那么A首先需要选择一个创业方向，在有了大概的创业方向之后，A需要分析他想要进入的行业的市场情况怎么样，用什么方式才能进去。假设经过分析和努力之后，A成立了自己的公司，研发出了新产品，想让新产品进入市场，但这时候应该怎么定价呢？是用低价打入市场，还是参考市场上同类产品的价格来定价，或者按成本来定价？A思考一番后有了自己的答案，并以该价格成功打入了目标市场。但是，目前为止，A的公司的市场份额非常小，所以希望能扩展自己的市场，于是A开始思考怎么才能扩展市场。市场扩张的过程中，A发现自己越来越忙，需要决策的东西很多，比如供应商选择、合作商选择等，虽然累，但还是坚持下来了。A的公司越来越大，慢慢有了一些资本积累，A又思考要不要做一些新的投资。一切看似都发展得非常顺利，A的公司也按照既定的管理与发展方式运营着。但随着市场慢慢成熟，消费者行为发生改变，竞争加剧，新生产技术出现，各类政策的管制加强，公司好像遇到了一些发展阻碍，A发现公司内部人员流动很大，利润逐年下降。A不想看到公司就这样被市场淘汰，于是他开始紧跟着"潮流"走，适应消费者新的购物方式，并尝试升级产品，以适应市场需求。从内部来说，A采用更科学的方法管理自己的团队和公司，希望能提高员工的忠诚度。从成本等方面来说，A开始筛选供应商和原材料，投资新的生产线，以提高生产效率和产品质量。最终，A的公司又恢复了往日的辉煌。在此过程中，A意识到：要提前做好战略规划，并且每个策略在实施之前，都要思考其可能有的风险，等造成损失之后再调整就晚了。

从A的故事里可以衍生出很多商业案例，而这个故事里出现的每一关键转折点、难题都有可能是案例的主题。当然，各位不会遇到类似于A的公司这样的"从一而终"的完整商业案例。所以，把A的公司的故事拆分的话，可以得到以下案例类型：投资决策类、市场进入类、产品定价类、市场拓展类、商业决策类、利润提升类、风险识别与解决类、问题解决类、战略规划类。

对于该案例来说，还可以拆分出企业人力组织改善类案例，但由于人力组织太专业了，所以四大审计的案例是不会专门考核的，故笔者把它归于问题解决类。一般来说，即便各位在案例中提及人力等，也是夹杂在问题解决类案例里的。同时，咨询面试中常见的市场规模类案例也不会出现在"四大"的面试中，即便这在做投资决策中是很重要的方面，同样，常见的产品定价类问题也是如此。故筛选后，四大审计面试的案例类型不外乎以下几种：投资决策类、市场进入类、市场拓展类、商业决策类、利润提升类、风险识别与解决类、问题解决类、战略规划类。

当然，很多案例要求各位处理多个任务。举几个例子吧，如某个案例要求：请选择你们要投资的标的，并说明市场进入方式、可能有的风险与相关措施。那这个案例就需要处理投资决策、市场进入、风险识别、问题解决四个任务。如果一个案例要求：请为客户公司找到拓展方案，并说明可能存在的风险。那这需要处理市场拓展、风险识别两个任务。需要注意的是，如果各位面试中遇到的是非常单一的选择类案例，则可以用之前提到的选择类案例的逻辑去分析，但如果选择类任务只是穿插在众多任务之中的话，则不必耗费过多时间去设置筛选条件，一定要随机应变。

最后，各位一定要记得：案例分析题没有所谓的"标准答案"，各位在分析过程中做到有理、有据、有逻辑即可，其他的见仁见智。

（1）阅读理解类

案例描述

请用SWOT做一下公司情况分析。假设各位阅读了大长篇商业案例之后，得到该任务的话，则代表各位拿到了一份阅读理解类案例。这类案例的特点是：长而密，但很简单。在以往的面试中，只有毕马威曾经使用过这类案例。笔者认为，该类案例其实并不能深入考核学生的商业思维与逻辑思维，主要是考核阅读速度和信息整合能力。近些年毕马威渐渐抛弃了这类案例，转而用选择类案例，但还是一如既往地保持了"低难度、高阅读"的特点。

逻辑要点

没什么要点，各位逐个分析情况就好。当然，要注意合理分类，因为"S"指的是内部的优势，比如核心技术、较高的品牌认知度、有竞争力的产品、良好的供应链、丰富的渠道资源、人力资源充足、足够的资金、较低的财务风险与良好的企业信誉等。"W"指的是内部的劣势，各位按照前面提到的因素反向思考即可。"O"指的是外部机会，比如政策优势、竞争对手的衰败、新增的渠道、新材料的出现等。"T"指的是外部的威胁，按照前面提到的因素反向思考即可。有的同学会分类错误，各位记得不要犯基本错误。

（2）投资决策类

案例描述

选出你认为应该并购/投资的公司，并说明原因。如果看到这类任务，则代表各位拿到了投资决策类案例。这类案例里，各位会看到投资公司的大概背景情况，让各位了解是一个什么样的公司想要投资。同时，各位也会看到投资标的的大概情况，比如公司规模、所处行业、营收情况、市场份额、主要产品、成立时间、商业模式等。当然，为了让各位更完整地了解每个标的所处的行业情况，案例时常也会给出该行业的客户分布情况、市场分布情况、市场预测等信息。总的来说，行业信息、标的公司信息、投资公司信息各位都会看到，而这些信息就是各位的选择依据。

逻辑要点

"投哪一个"本质上是一个选择类问题，故可以沿用选择类问题的通用逻辑：①找出关键判断点，作为之后筛选的依据，而这一步是先判断哪些是重要的参考因素。当然，各位也可以针对不同的关键点确定重要性水平，例如A因素应该占20%的比重，B因素只能占10%的比重，时间不够的时候，不必给每个因素划定占比。②代入关键点分析每个选项，将已有的信息代入到每个判断点里，先整合所有选项的情况，别急着下判断。③综合评定最终选项，在一个直观的统计表格里，各位可以通过打分的方式判断"最优选择"，如果出现分数一样的情况，则各位可以再次讨论这些判断点中，哪个是更为重要且不可替代的。当然，如果各位不想打分，而是凭借对已有因素的分析直接下判断的话，也不是不可以，具体看讨论推进情况，完全不强求。

另外，在投资类案例里，各位不必思考哪些是重要的判断点，可以直接从三个层面寻找判断依据，以基本判断依据为基础，再代入每个标的不同情况进行对比分析，然后讨论得出最终选项。

第一，宏观层面。宏观层面主要关注政策因素、人文因素、技术、法律等。举个例子，如果各位想投资的领域是政府非常不支持的，且目前没有政策利好的话，那就不要投入过多精力，毕竟政策决定市场玩法。一般来说，如果政策、人文、技术、法律等方面不满足要求的话，也不必进行下一步分析了。案例一般不会针对政策设置阻碍，不然，其他方面就没得讨论了。

第二，行业层面。行业层面应关注市场整体规模、市场发展趋势、市场竞争情况、核心竞争力、进入壁垒、产业链情况等信息。

市场整体规模与市场发展趋势决定了标的所在行业的整体收入是多少，未来能增长到多少，简单来说就是"蛋糕有多大？"。试想一下，如果一个行业的市场规模为100亿元，一家公司占10%的市场份额就意味着它的收入可以达到10亿元，而另一个行业的市场规模为100万元，一家公司占100%的市场份额意味着它的收入可以达到100万元。前者肯定会更有吸引力一些，毕竟市场规模是不一样的。当然，在四大审计的案例里，各位大概率不会遇到市场规模计算的情况，这比较难，但是，这不代表市场规模不重要。

市场竞争情况与进入壁垒决定了抢占市场的难度，而核心竞争力是抢占市场的主要武器。比如，用户基数是互联网行业非常重要的核心竞争力，而标的公司所做的互联网产品看似比较新潮，但没有设置专利壁垒，如果互联网巨头争相做类似产品，同时投入大量资金并自有引流渠道的话，该公司的产品不一定能发展起来。所以在这里，各位需要思考"长远来看，该公司能否一直保持竞争优势？"这个问题。

产业链部分主要是看上下游行业的稳定性。假如标的公司是卖红木家具的，但近些年红木的供应商纷纷跑路，数量锐减，则会导致很大的风险，毕竟如果原材料都不稳定，何来生产和销售呢？

第三，公司层面。公司层面需要关注的因素有：成本结构、盈利能力、财务风险、市场份额、主要产品竞争力、核心技术、主要渠道、核心资源、管理团队、企业文化、商业模式、价格。

成本结构取决于生产效率及生产技术，有很明显的行业特性，各位可以对比看看该公司在生产方面是否比同行业的其他公司做得更好。影响成本结构的因素有收入、销量、售价等。

对大部分企业来说，盈利能力主要看的是"净利润/收入"，而净利润等于毛利润减去管理费用、财务费用以及市场营销费用。所以，各位需要分析各类费用的占比。举个例子，该公司每年的市场营销费用占收入的30%，而竞争对手占比为10%，如果该公司与竞争对手增速一样的话，则意味着该公司在市场营销方面表现得并不是很好，相比之下可能是个劣势。

财务风险主要看的是长期偿债能力，毕竟这类案例是以并购/收购为前提的，所以财务风险也需要考虑。

市场份额、主要产品、核心资源、主要渠道、核心技术、商业模式主要看的是标的公司在整个市场中的地位与地位的稳定性，各位需要看看该公司目前处于行业的哪一层，并且需要判断长远来看，它是否能保持优势。当然，各位不能只看标的公司层面的因素，还要结合投资公司的情况来分析，除非投资公司单纯为了"投资赚钱"（比如各类专业投资机构）。若非如此，各位需要思考一下：购买该标的公司之后，它的一些资源能否为投资公司所用，如果可以的话，哪些资源可以帮助投资公司更好发展。这是很多人会忽略但在现实情况中应该被考虑的因素。

管理团队、企业文化这两个因素在现实的投资与并购中，往往是非常重要的。比如一个公司看起来发展得很好，但管理层十分懒散，根本无心把公司继续经营下去，那即便公司和行业有先天的优势，也是发展不起来的。文化也一样，如果标的公司和投资公司文化差异巨大的话，那标的公司的员工很可能不适应新环境，最终会选择离开。

价格主要是指收购价格，假如一家公司整体估值为100亿元，现在想要出售20%的股权但要价50亿元的话，各位就需要认真思考，这多出来的30亿元是否值得支付。收购方式指的是，该公司想以什么方式完成这次收购，是直接花钱买，还是用股票换股票？这取决于对方的要价和自有资本情况。在四大审计的案例里，这一点一般不会提到，但不提不代表不重要。

各位不必记得每一层具体有什么因素，记得大致逻辑即可。案例给出的信息往往不那么完整，各位只能"就地取材"，拿到什么信息就以什么信息作为分析依据，从宏观层面、行业层面、公司层面进行分析能帮助各位识别每个信息的重要性，从而更好作出判断。

当然，如若"选择标的"只是众多任务之一，且各位并没有很长的讨论时间的话，也不一定按照"先找关键点再分析"的顺序来，但思路可以帮助各位在阅读过程中判断最优选择，这样在之后的讨论中，各位的发言会更有说服力。

（3）市场拓展类

案例描述

请给出 ABC 公司的市场拓展方案。如果看到这样的任务的话，则代表各位拿到了市场拓展类案例。通常情况下，这类案例不会只给出一个任务，它往往以"请给出 ABC 公司的市场拓展方案，并说明方案的潜在风险与解决措施"这样的完整形态出现。针对这个案例，各位要解决的任务其实有三个：①市场拓展方案；②风险识别；③问题解决。当然，这里只解决第一个任务，至于风险识别和问题解决，后面再讲。

一般来说，这类案例会给出一些公司目前情况的信息，比如主要产品、客户群体、财务状况、预算要求等，同时也会给出一些市场情况的信息，如客户分布情况、市场分布情况、市场发展趋势、主要渠道占比、竞争对手情况等。总的来说就是告诉各位，一个什么类型的公司想扩展自己的市场。根据以往经验来看，这类案例中的公司一般都是发展受阻的公司，各位往往要当"救世主"角色。

逻辑要点

这类案例其实和市场进入类案例的逻辑是一致的，可以把市场进入类案例理解成拓展一个新的市场。而市场拓展类案例则是扩展整体市场，可以是新市场拓展，也可以是在已有的市场上扩大市场份额。

整体来说，要解决这类案例，各位需要完成两个重要步骤：①基本分析，主要是看公司与市场现状，比如公司主要卖的是哪种产品、目前的经营状况如何、当前市场的主要竞争对手是谁、竞争对手的模式如何等，这样各位才能更清楚地分析，该公司要在什么样的整体环境下拓展市场。②决策判断，针对市场拓展类案例，各位可以应用一些固定思维，但一定要基于前面的基本分析来决策，否则提出的方案可能不适合或无法实施。

首先介绍一个十分常见的公式：收入－成本－费用＝净利润。市场拓展的本质是扩大该公式中的"收入"部分，进一步分析可以得到：①收入＝∑各产品价格＊各产品销量；②收入＝∑各产品价格＊（∑各渠道销量）；③收入＝∑各产品价格＊（∑各类型消费者购买量）；④收入＝∑各产品价格＊（∑各市场）。当然，要想进一步细分也不是不可以，这里就点到即止了。所以，从这些公式可以很清晰地看出来，要想提高整体份额，可以从价格与销量这两方面来分析。

价格有两种变化方式：直接与间接。举个例子，将原来的售价直接提高，这叫直接方式。在不改变售价的情况下减小产品含量，这叫间接方式。通常来说，直接提高价格虽然会让单个商品卖出更高的价格，但可能会影响商品最终销量，所以对整体的收入影响是不确定的。案例中往往不会给出价格和销量的相互影响关系，所以各位在提与价格相关的方案时，还需要注意一下消费者对价格的敏感度，若案例中毫无相关信息，则需要思考一下这个方案是否适合。同理，间接提高价格也可能会引起消费者不满，从而降低整体销量。故各位想从价格入手提出方案的话，需要参考更多信息。有三个方面的信息可以关注：①品牌／产品定位；②竞争对手情况；③成本限制。品牌／产品定位一定程度上决定了价格定位，而相似定位的竞争对手情况可以让各位更清楚地看到：什么样的价格是合适的。举个例子，某公司用的是高端定位，该定位下的某款商品售价为800元，公司主要竞争对手也是用的高端定位，某相似产品售价1800元，且竞争对手公司相关产品的销量明显比某公司的大，增长速度也更快。则在这种时候，各位思考一下是否可以通过提高产品价格来增加自己的市场份额。定位与成本一定程度上决定了价格区间，这些都是需要考虑的，不可乱定价。当然，在大多数"四大"的案例里，不太会涉及定价问题，毕竟这个问题是非常复杂的，要考虑的因素非常多，但不常见不代表不重要，在很多情况下，商品定价是个非常值得认真研究的问题。

除了定价之外，影响收入的还有其他因素，比如消费者、市场、产品、渠道、供应链、推广方式。简单把这些因素联系在一起的话，就变成了：把什么产品通过什么渠道卖给什么市场的哪些消费者。为了更好地销售产品，我们需要什么样的供应链和推广方式。各位可以从两方面思考这些重要因素：①是否新增；②是否改进。

消费者与市场主要看两方面：①消费者/市场潜力；②如何满足消费者/市场。从本质上说，消费者与市场属于主要的收入创造端，其存在的意义在于"被研究"：目标消费者/市场的发展潜力如何，他们关注和在意的点是什么，他们更偏向用什么样的方式消费，更愿意接受什么样的价格，该公司在现有情况下，要怎么做才能更好地满足目标消费者/市场。所以，后面要讨论的产品、渠道、推广方式等，都是围绕着以上分析来展开的，各位只有先了解要满足的对象是什么，才能知道怎样做是最合适的。当然，案例往往也会给出一些竞争对手的信息，各位可以参考一下竞争对手是怎么做的，看看自己有哪些做得不到位，能改则改。

至于渠道，举个例子，如果目前该公司的渠道仅限于线下的直营店，且直营店表现不佳，则应该考虑，该公司是否需要新增线下加盟店、线上销售平台，是否需要改进直营店销售模式。当然，做任何判断之前各位需要认真思考是否适合，如果该公司所处的行业环境并不适合线上销售的话，则只能从线下入手，看看如何深耕现有的线下市场，是否有其他的线下渠道可以使用。

从产品来看，如果该公司目前的产品销量不大，并且客户反馈也不佳，有明显的被淘汰趋势的话，则各位需要思考：是否要改良现有产品，是否要增加新的产品线。延伸一下则变成：这个产品有改良的必要吗？它对我们目前的收入来说仍然重要吗？如果重要的话，要怎么改良？对于新的产品线，我们是否有充足的研发能力、生产能力去支撑新产品的产出？如果有的话，研发什么样的新产品能帮助我们继续抢占市场？

从推广方式来看，各位需要提出适合目标消费者、渠道、产品的推广方案。举个例子，如果该公司的目标用户是20—30岁的年轻人的话，则通过新媒体推广的方式会比传统纸媒的推广方式更为适合。

至于供应链部分，由于过于专业，面试案例里不会过多涉及，故不再多提。

当然，投资并购也是一个快速拓展市场份额的方法，但是，除了标准的投资类案例外，各位一般不会在案例中看到过多的关于标的公司的信息，故无法深入探讨投资并购的事项。如若各位需要提及这一方案的话，最好在众多方案被提及之后，作为附加方案提出。

最后提一点，这里讲的只是市场拓展类案例的分析逻辑，即各位在阅读案例和解决任务的过程中可以有的思路。在实际讨论中各位不需要先梳理一遍案例信息，再根据已有信息做决策。为什么？因为本质上来讲，梳理信息的过程本来是阅读案例时需要做的事情，既然都开始讨论了，各位就要预设其他组员也按照该逻辑梳理清楚了公司和市场情况，可以直接切入主题，针对各项决策展开讨论。毕竟"案例信息整合"并不是本次任务之一，复述一遍很浪费时间，既然给了专门的阅读时间，也就不必再重复工作了。

（4）市场进入类

案例描述

请给出 ABC 公司进入中国市场的具体方案。如果各位看到这样的任务的话，则代表各位拿到了市场进入类案例。通常情况下，这类案例不会只给出一个任务，它往往以"请给出 ABC 公司进入中国市场的具体方案，并说明方案的潜在风险与解决措施"这样的完整形态出现。具体来说，各位要解决的任务其实有 3 个：①市场进入方案；②风险识别；③问题解决。当然，这里只讨论第一个任务，至于风险识别和问题解决，后面再讲。

一般来说，这类案例会给各位一些关于公司目前情况的信息，比如主要产品、客户群体、财务状况、预算要求等，同时也会给一些市场情况的信息，比如客户分布情况、市场分布情况、市场发展趋势、主要渠道占比、竞争对手情况等。总的来说就是告诉各位，一个什么类型的公司想要进入一个处于什么情况的市场。

逻辑要点

市场进入类案例的基本分析逻辑可以用一句话概括：把什么产品通过什

么渠道卖给什么市场的哪些消费者，为了更好地销售产品，我们需要什么样的供应链和推广方式。由于提出的方案主要基于案例中已有的信息，故各位不能不顾企业和市场的具体情况，就轻易套用"线上、线下渠道打通"这类常见的方案，这是不合理的。

整体来说，要解决这类案例，各位需要完成两个重要步骤：①基本分析，主要是看公司与市场现状，比如公司主要卖的是哪种产品、目前的经营状况如何、当前市场的主要竞争对手是谁、竞争对手的模式如何等。这样各位才能更清楚地分析，该公司如何进入市场才是最适合且高效的。②决策判断，掌握了足够的信息，各位便可以逐个解决问题了，比如先进入哪些城市、先针对哪类目标人群、先推哪款产品、如何确定合适的价格、如何选择最适合的销售渠道、采用哪些有效的营销方式等。总的来说，市场进入类案例就是要解决上面提出的问题，在这类案例里，很多学生会犯"不落地"的错误，即不针对公司和市场具体情况就轻易下结论。所以，基本的分析步骤还是很关键的。

最后提一点，这里讲的只是市场进入类案例的分析逻辑，即各位在阅读和解决任务的过程中可以有的思路。在实际讨论中，各位不需要先梳理一遍案例信息，再根据已有信息做决策。为什么？因为本质上来讲，梳理信息的过程本来是阅读案例时需要做的事情，既然都开始讨论了，各位就要预设其他组员也按照该逻辑梳理清楚了公司和市场情况，所以可以直接切入主题，针对各项决策展开讨论。

（5）商业决策类

案例描述

请选择最合适的供应商，并给出理由。如果看到这样的任务的话，则代表各位拿到了商业决策类案例。一般来说，这类案例会给各位一些关于公司目前情况的信息，包括主要业务、发展方向等。同时，也会给出每个"选项"的情况，比如技术、管理团队、优势与劣势等。当然，为了引导各位更好地选择，有的案例也会给出一些类似 CEO 邮件的信息，从中可以看出管理人员的一些想法，也是各位需要添加进"判断点"的信息。

逻辑要点

"商业决策"问题本质上是选择类问题，故可以应用选择类问题的通用逻辑：①找出关键判断点，作为之后筛选的依据，而这一步是先判断哪些是重要的参考因素，当然，各位也可以针对不同的关键判断点确定重要性水平。例如 A 因素应该占 20% 的比重，B 因素只能占 10% 的比重，时间不够的时候，各位不必给每个因素划定占比。②代入关键点分析每个选项，将已有的信息代入到每个判断点里，先整合所有选项的情况，别急着下判断。③综合评定最终选项，在一个直观的统计表格里，各位可以通过打分的方式判断"最优选择"，如果出现分数一样的情况，则可以再次讨论这些判断点中，哪个是更为重要且不可替代的。当然，如果各位不想打分，而是凭借对已有因素的分析直接作判断的话，也不是不可以，具体看讨论推进情况，完全不强求。

（6）利润提升类

案例描述

请找出解决 ABC 公司利润低下的方案。如果看到这样的任务的话，则代表各位拿到了利润提升类案例。通常来说，这类案例也可能要求各位"请分析 ABC 公司利润低下的原因，并提出解决方案"，当然，不论任务怎么被提出，都需要按照"先找出问题再提出方案"这一逻辑来思考。

一般来说，这类案例会给出一些关于公司目前情况的信息，比如主要产品、收入情况、成本及费用情况、公司内部情况等。同时，也会给出一些市场及竞争对手的信息，比如市场分布、竞争对手财务情况、客户分布等。总的来说，就是通过案例信息告诉各位：目前该公司处于什么状态、业务表现如何、所处的行业情况如何。

逻辑要点

利润提升类案例本质上属于问题解决类案例，这类案例处理的是利润问题，而非其他开放性问题。整体来说，各位可从以下两方面解决这类案例。

①问题分析。各位需要找出造成该公司利润低下的根本问题。通常情况下，造成利润低下的表面原因有：成本因素、利润因素、收入因素。还是代入之前提到的公式：收入－成本－费用＝净利润，利润提升类案例的本质是扩大该公式中的"净利润"部分，各位可以根据公式进一步思考问题所在。市场拓展类案例里各位只需要思考如何提高收入部分，对于利润提升类案例，各位需要思考收入、成本、费用这三个方面。

比如各位发现该公司人力成本越来越高，并且与同行业的其他企业相比，人力成本占比也明显偏高，则证明该公司在人力成本管理方面可能有问题，造成人力成本偏高，从而导致净利润下降。费用部分同理，比如各位发现该公司在市场营销上投入非常大，但整体收入却不如同行业竞争对手，则证明该公司在市场投入管理方面做得很不够，这可能是造成市场费用过高但并没有有效提升收入的原因，也是另一个导致净利润下降的原因。再者，从收入入手，如果各位发现该公司收入逐年降低，则这个问题可能是由定价、渠道、产品、产品推广、市场定位等导致的。从这几点各位可以看到，只要一谈到收入，就又回到了市场拓展类案例。所以，各位可以把利润提升类案例看成"市场拓展＋成本与费用管理"类案例，但需要各位多做两件事情，即成本管理和费用管理。

②问题解决。想在群面中有良好表现，各位需要做好前期的分析，因为只有知道"病因"所在，才能"对症下药"，并且，各位在针对每个问题提出解决方案的时候，需要思考这些方案如何提升利润，才可以保证不脱离任务主线。至于具体问题的解决方案，将会在后面举例说明，这里不再多提。

（7）风险识别与解决类

案例描述

找到该方案的相关风险，并提出解决方案。看到这个任务则代表各位拿到了风险识别与解决类案例。通常来说，风险识别与解决类问题是穿插在其他方案类问题之后的，主要是为了保证方案有效实施。比如当一个案例要求

"找到市场拓展方案"的时候，各位可能天马行空地提出很多不切实际的方案，所以这个任务的出现则是为了"强迫"各位去思考，这些方案是否重大风险，这些风险是否值得各位去冒险，如果值得的话，各位需要提前去做哪些事情预防可能的损失。

这类案例的主要内容与方案类案例是一样的，是依托于方案本身而存在的，故案例信息部分就不再重复了。

逻辑要点

解决这类问题的关键是：识别现有方案的阻力。风险识别与风险管理其实是有一个非常庞大的知识体系的，比如系统性风险与非系统性风险等。当一个案例问到该问题的时候，其实不是要各位去背诵风险管理教材中提到的知识，而是希望各位基于前期的方案再思考一下落地性的问题。举个例子，假设 ABC 公司最近几年的销售表现很差，利润经常为负，各位提出该公司可以通过线上平台增加销量的话，则需要思考：该公司是否有足够的资金去做这件事情，或者说是否有足够的现金流去支撑线上平台的运营。如果这是个风险的话，各位则需要思考其他的融资渠道，以确保该方案是可以执行的。

（8）问题解决类

案例描述

找到该公司目前最大的问题，并提出相关解决方案。看到这个任务则代表各位拿到了问题解决类案例。通常来说，问题解决类案例是非常开放的，案例中会给出该公司目前的一些情况，包括财务状况、产品情况、管理情况等，同时也会给出一些外部信息，比如市场分布、客户情况、竞争对手情况等。总的来说，就是简单地告诉各位：现在需要帮一个什么处境的公司找到问题，并提出问题解决的方案，如果只看该公司的情况并不足以判断问题所在的话，各位也可以通过与同行业的其他公司对比来判断。

逻辑要点

解决这类问题的思考逻辑有两点：①问题分析。与利润提升类案例一样，在该环节各位需要先识别出根本问题，才能知道如何"对症下药"解决问题。举个例子，各位发现该公司的产品销量逐年下降，并且通过对比同行业其他公司的研发费用发现，该公司在研发上投入很少，所以新产品推出缓慢，导致该公司在市场上逐渐失去竞争力，由此可得出结论，该公司在研发上的投入是不够的。再者，如果各位发现该公司人员流动很大，内部人心涣散，这可能是由于公司当前管理制度、管理层风格、薪酬制度所导致的问题。这样"多此一举"看问题本质的原因是，各位需要找到病根才能从根本上解决问题。拿研发投入这个问题来说，如果没有深入了解该公司的问题出现在研发费用上的话，各位可能套路化地提出"加大市场投入、降低产品价格"的建议，这样是解决不了问题的。②问题解决。想在群面中有好的表现，各位需要做好前期的分析，因为只有知道"病因"所在，才能更好地"对症下药"，至于问题的解决方案，将会在后面部分举例说明，这里不再多提。

（9）战略规划类

案例描述

请为 ABC 公司制订一个 5 年规划。如果看到这类任务，那么"恭喜"各位，你拿到了最难的商业案例。战略规划类案例非常开放，需要整体思维，在这类案例里，各位会看到关于公司和行业的一些基本信息，并且需要用自己的商业思维去思考：这样一家公司将来是什么样子，它的定位如何、主要市场在哪里、主要客户是谁、商业模式如何、公司架构是怎样的。

这类问题一般不会单独出现，通常情况下，可能出现在第一个任务中，即各位在做好战略规划之后，再看要达成该规划，该公司需要做些什么。当然，这类问题也可能出现在最后一个任务中，即在做好前期方案之后，该公司未来会变成什么样子。其实从本质上来讲，这两种情况的逻辑是一致的，只是前者是先设想未来是什么样子，再看要怎么落地；而后者是先引导各位处理一些该公司目前的问题，再看假如问题都得到解决、公司得到良好发展之后，它会变成什么样子。

逻辑要点

战略规划类案例的要点是：先找到主要目标，再找到与主要目标匹配的重要目标。什么是主要目标呢？上市、收入/利润规模、市场排名等都可以是主要目标，各位在选择主要目标的时候可以根据案例中提到的信息来判断，比如案例中明确提到该公司有上市计划的话，则可以用上市作为5年规划主要目标，如果并没有给出非常清晰的目标的话，则可以用市场排名来作为主要目标。当然，该排名可以不那么明确，各位可以用"领先者"等模糊且优美的形容作为替代。至于其他重要目标，各位可以从产品、渠道、客户/市场、供应链等方面去做说明。群面案例里的战略规划可以简要总结为：2年内成为该行业中的领先企业、产品覆盖中端及高端产品线、市场覆盖中国一线及二线城市的20—40岁人群、打通线下直营及加盟渠道；3年内开店1000家，并完善线上销售渠道，构建完善的供应链体系，以支撑更为庞大的销量。

如果时间充足的话，各位可以先看短期内需要达到的目标，再看长期需要达到的目标；如果时间不充足，或者各位实在分不清楚短期、长期分别需要做什么的话，也可以将最终的目标作为答案。

8.4 "4步法"搞定案例分析

第一步：明确案例目标

在这一步中，各位需要明确的是案例任务到底是什么，并简单地在草稿纸上做笔记，这样方便各位在记录信息的时候可以随时看到任务，从而不用反复看案例。当然，各位只记录关键信息即可，举个例子，如果任务是"找到该公司的问题，并提出解决方案"，则各位简单地记录"问题""方案"即可。

第二步：代入基本商业思维

这部分可以参考不同类型案例的思维模式，各位需要做到：一看到任务类型就知道大概思路是什么。这样才能在一开始就带着目的去读案例，从而提取有效的案例信息，而不是匆匆忙忙读完案例信息，再回想哪些是对任务有用的信息。基本商业思维的代入是个非常快速的事情，各位最多只能用10秒左右的时间去做这件事情，如果用时太长的话，一方面耽误阅读时间，另一方面也证明各位并没有把逻辑吃透，既然没吃透就算了，抓紧时间读案例。

第三步：阅读理解与初步分析

带着任务和基本的商业思维去阅读案例，会更方便各位定位有效信息。各位可用SWOT框架去记录案例中的主要信息，最好按总分的形式去记录，同时对信息做初步的分析，方便各位在接下来的步骤里快速找到所需要的信息。拿一个现成的框架做例子。

S 内部优势（尤其关注绝对优势）	W 内部劣势（尤其关注有影响的劣势）
品牌：较高的品牌认可度和知名度	管理层：涣散，内斗
产品：有几款比较好的王牌产品	HR：管理不善，人员流失较为严重
营销/运营能力：更了解消费者与营销策略	创新/研发能力：投入不够，效率低
现金流：有稳定的现金流	生产：质量低，成本控制不到位
资源：稳定的供应/人脉关系	内部控制：松散，各种隐藏风险
技术：行业领先	财务：对比而言，整体财务风险过高
供应链：成熟、庞大	

O 外部机会	T 外部威胁
消费者：消费者理念改变	市场新进入者、替代品的出现……
竞争者：对竞争者不利的各种因素	
资源：新的供应商，货源充足	（对你来说的一切机会，也可能是对手的机会，对手的机会，就是你的威胁）
技术：提高效率的新技术	
政策：贸易政策、针对性政策	
行业：整体处于上升期	

第四步：深入分析，确定走向

在这个步骤里，各位理应已经写满草稿纸了，接下来是根据现有的信息和任务开始做进一步分析。如果说第二步是在尚未开始阅读的时候心里就有的思考方向、第三步是了解该公司处境和掌握其他已知信息的话，那么第四步是站在该公司的立场上和基于已有信息，有效地解决每个任务。要记得，各位无须完美且完整地解决每个任务，在时间有限的情况下，各位做到及格便可，因为这不是个人的案例分析，而是小组的案例分析，即便有遗漏的地方，还有队友可以做补充。

8.5 群面生存守则

8.5.1 思维与大局观

首先，各位想在"四大"群面里脱颖而出的话，就一定要掌握"真本事"。如果各位只依赖"面经"、基于别人的思维去补充观点的话，是非常容易被挤在角落里说不出话的。对于"四大"的群面来说，不说话等同于"自杀"，毫无生存空间。

所以，群面的时候一定要注意思维与大局观，所谓"思维"，即知道要分几个步骤去解决问题，并且在每一个环节里，都要想出具体方案。比如，各位知道成本是个问题，需要予以解决，脑子里就要有一些具体的解决方案，不能只当指挥家，依赖其他队友去思考。一定程度上，各位需要在阅读案例时完成分析工作，即便这个分析可能不够完美，但从结构上来讲，一定要是完整的，这样才能保证各位在每个环节都有参与感。

所谓"大局观"的意思是：群面并不是一个人的案例陈述，而是一群人的讨论。即便各位分析了案例，也不一定能在群面中好好表现自己，故各位需要学会如何引导团队讨论，把整个小组都带到自己设定的节奏里，从而保证自己在每个环节都是有贡献的。陷入别人的节奏里是个很麻烦的事，谁也不能保证其他人的思路和自己的一样，所以与其放弃自己已有的思维，在短时间内被动地跟着别人的思维走，倒不如一开始就"逼"其他人跟着自己的思路走，这样一来，各位自然就成了主角。当然，要做到这一点并不容易，各位首先自己要很擅长案例分析，其次要有很强的沟通能力与逻辑思维，这样才能把自己的想法"卖"出去，最后需要有一定的领导力，如果一开口就支支吾吾的话，是带不起团队的。

8.5.2 角色与任务

在笔者看来，群面中表现最好的那个人才是最安全的人，所以如果一定要选一个角色的话，各位一定要毫不犹豫地选择"领导者"，在带领团队走向辉煌的同时也能凸显自己的绝对优势。但是，如果各位从根本上就抗拒做领导者，那也可以认领其他的角色。当然，在介绍每个角色之前，笔者想着重提醒的是：群面里的任何角色都是在讨论过程中慢慢产生的，而非一开始安排的，各位可以尝试着提前给自己设定一个合适的角色，但不要迷信这件事情，因为你不知道在真实的群面里有没有人比你更适合甚至抢走了这个角色。限定角色本身就是非常不合理的行为，会让自己非常被动。举个例子，如果各位认为自己最适合的是"时间掌控者"的角色，然后戴着手表准备报时，结果发现有人在一开始的时候就说：我来看时间吧。那就很尴尬了，因为正式的群面已经开始，各位不可能和对方争抢报时的任务，那只能吃哑巴亏了。好了，针对群面中的角色及其任务，这里做个简要的说明。

1. 领导者

领导者也可以称为"引导人"，作为领导者，在群面讨论开始时需要确定大概的讨论方向，比如，我们今天的任务是找到该公司存在的问题以及解决方案，所以我建议我们可以先分析这个企业内外部到底有什么问题，再基于问题去讨论具体的解决方案，各位觉得这样可以吗？再者，在整个讨论出现停滞、效率低下的时候，领导者应该做好整体进度把控的工作，确保团队可以在规定时间内完成任务。简单来说，一个好的领导者需要在初期做好任务规划和流程跟进工作，确保高质量地完成任务。要成为一个好的领导者可不是个简单的事情，前面已经提到过，首先各位需要自己擅长分析案例，且有一定的逻辑思维，这样才能在前期做好规划。另外，领导者需要有一定的沟通能力，才能向组员准确传达任务。当然，在整个过程中，领导者要打起十万分精神，这样才会知道目前讨论到哪一步了，是否需要推进。最后要记得，成为领导者并不代表各位就只安排和监督流程就可以了，在实际的观点输出部分，各位也要参与进去，不然就只是个空头将军，整体贡献度是不足的。

做领导者虽然是个非常累的事情，但累是值得的。一般来说，领导者的存在感是非常强的，通过面试的概率也非常高。当然，各位千万不要成为那种"自以为的领导者"，声音最大、第一个说话的并不代表就是领导者，要领导好了才算数，领导不好，又不注重团队精神，一个人瞎带节奏的，最多算个"扬声器"。

2. 时间管控者与总结者

很多人会以为时间掌控者就是报时的，每年都有很多"十分老实"的学生拿着个手表走天下，一开始就抢占了这个看似最轻松的任务，并且在适当时间准确报时：还有 10 分钟啦！还有 5 分钟啦！像个倒计时工具。

而真正的时间掌控者往往是以总结者的身份存在的，什么意思呢？假如在 30 分钟的讨论里，各位需要讨论 3 个问题，按常理来说，7—8 分钟讨论一个任务（这并不绝对，各位在 30 分钟内完成任务即可），剩下的时间用于准备之后的案例总结陈述。所以，假设这次讨论的流程是：提出讨论方向——任务 1——任务 2——任务 3——总结/准备陈述。时间管控者需要关注者每个部分所用的时间，剩下的时间是否足够讨论，或者在每个任务讨论得差不多时，顺便提一下时间再推进。

什么才是推进的好方式呢？各位不能只说一句：没时间了，到下一步吧。虽然这是最常见的推进方法，但并不是好的方法，因为如果在没有对上一环节进行总结的情况下就匆忙进入到下一个环节的话，是很容易造成遗漏的，很可能得不到满意的结果，导致各位的团队被判为"弱队"。所以，一个好的推进者应该对前面的讨论予以总结：刚刚各位聊了很多关于风险识别的问题，总结一下，有三个主要问题：一是财务问题，该公司整体财务风险较高，值得注意；二是产品问题，该公司产品非常单一，可能缺乏市场竞争力；三是人力资源问题，该公司人员流失严重，可能导致后期竞争力不足。现在还有15分钟的讨论时间，各位还有什么要补充的吗？没有的话就进入问题解决环节了。看看，多完美的进度推进啊，既做了简单清晰的阶段性总结，也完成了查漏补缺的任务，还旁敲侧击地说明了时间的宝贵。

3. 创意者

创意者的意思是，在传统观点之外，能提出那种既适用又少见的绝妙观点的人，这样的人是可以让面试官眼前一亮的，仿佛给无聊的面试生活找到了可以记忆的点。但是，创意者可遇而不可求，为什么？因为"四大"的案例都是很中规中矩的，想要找到绝妙观点会比较难，与其抓破脑袋去想一个能让自己"一夜成名"的观点，倒不如去做一个实际的"打工仔"，前者不一定做得到，而后者只要认真练习了就可以做到，从风险来看，还是后者风险会明显低一些。当然，如果各位真的眼睛一亮，想到了绝佳的观点的话，也不要犹豫，一定要大胆地说出来。但是，这并不代表各位就不需要继续参与讨论了，该做的任务还是要做的。

4. 发言人

发言人是指代表整个队伍去完成总结陈述的人，如果各位是陈述者，且能在陈述的时候做到条理清晰、表达清楚、口齿流利的话，这一定是个加分项。很现实的原因是：面试官可能不会全程认真听完各位的讨论，但一定会认真听完各位的总结陈述。所以从这一点来看，面试官对陈述者的印象会更深刻一些，再加上如果各位表现出色的话，就可以让面试官认为：你是优秀的。因为能做到这一点的人并不多，除了基本能力外，陈述的过程也很考验人的抗压能力和演讲能力，这是很多中国学生所缺乏的，也并不是每个发言人都能做得好，所以如果各位是天生的演讲人的话，就不要错过这个机会。

5. 参与者

参与者是最为"普通"的人，这类人晋级与否一定层面上取决于自己的团队是否给力。他们可能对案例并没有那么深刻的认识，自然做不到一开始的时候就确定流程、带好节奏，更多的只是参与到每个环节的讨论当中，说出自己的观点与发现。除了上面提到的"取决于自己的团队是否给力"这个不可控的风险之外，参与者还有一个巨大的风险要面对，即很多人都会提前看"面经"，有一些基础的想法，所以如果参与者并没有抢先说观点和发现的机会的话，很有可能面临着"话都给别人说了"的境地。要知道在群面里，如果前面不说话，气势输了的话，后面是很难翻身的，各位可能原本想当个小小参与者，但慢慢就变成了默默无闻者。要知道，在"四大"的群面里，除非各位背景十分对口，否则，不说话就等同于"自杀"。各位如何保证自己是那个不翻船只翻身的参与者呢？这一点很难说，所以各位还是着重提升一下自己的逻辑思维能力，降维打击逻辑思维能力不强的参与者，从而在群面中脱颖而出。

6. "浑水摸鱼者"

这看起来不是个好词语，但笔者真的找不到更好的形容词了，故打上了引号。"浑水摸鱼者"指的是那种看似有发言有贡献，但其实没有实际贡献，只为了自己能说上话而浪费小组时间于无形的人。团队里出现这样的人是非常不利的，因为各位既不能打断他的发言，又不能得到更多的观点，一来一去就被拖垮了。而实际群面中这样的人又非常多，为什么？因为很多人不是很会做案例分析，只能混着来了。

"浑水摸鱼者"有什么表现？给各位举个例子，A：其实这家公司可以尝试打通线上销售渠道，毕竟从现在的数据来看，购买这类产品的用户很多都是通过线上平台下单的。"浑水摸鱼者"（在所有人点头认可A的观点，没有反驳的意思的时候）：是的，是的，我很赞同A同学的观点，我也认为应该打通线上渠道，因为现在很多人都在用线上渠道啊。各位能体会到吗？当然，面试官是能看得到且分辨清楚的，所以"浑水摸鱼者"真想"混分"的话是很难的。但是，不是所有面试官都会认真听各位的群面，所以有时候也会出现"混分成功"的人，这就让人很头疼了，但又无能为力，不是吗？

7. 贡献者（全能选手）

笔者强力推荐各位成为贡献者。何为"贡献者"呢？在团队友好合作的前提下，做一切有利于团队最后输出的事情，你可以是一个领导者、参与者，也可以在团队停滞不前的时候去充当那个时间掌控者与总结者，当然，你也可以是一个有创意想法的人。只要团队需要，只要有利于团队输出，你对自己所做的一切都无怨无悔。贡献者一开始就做好了为团队战斗的准备，坐在桌子旁就把自己当作一个很好的团员，而非"干掉其他队员我才能过群面"的竞争者，这样一来，团队合作精神也就体现出来了。

其实，在群面中，这样的贡献者是不少的，为什么？因为各位是无法预知群面成员中是否有领导者、总结者、时间管控者等必要角色的，缺少一个必要角色就意味着可能最后结果不是最优的，为了避免这个风险，各位只能见机行事了。当然，对于团队中的各种角色，各位没必要全部都争，群面毕竟是个团队合作项目，各位做好自己最擅长的，多多参与即可。

8.5.3 说话方式

在群面中，各位只有几种需要说话的情况，分别是：①开头引入；②补充观点；③反驳观点；④总结陈词与推动进度。这里先来假设一个案例，这个案例属于问题解决类，需要各位先找到问题，再提出解决方案。假设ABC公司存在成本管理问题、渠道问题和推广问题，且该公司看似有产品质量问题，但实则并非如此。针对成本管理问题，该公司应该做的事情是适当减少人员开支；针对渠道问题，该公司应该建立自己的线上销售渠道；而针对推广问题，该公司应该增加市场投入，尤其是新媒体投入。好了，假设这是15分钟阅读时间内分析的所有内容的话，那各位如何把这些内容"说"出来呢？

1. 开头引入

开头引入一定要简洁、清晰、绝对正确。简洁与清晰指的是：各位一定不要一开始的时候就长篇大论。可能有的组员还没从阅读中转过神来，如果就被逼着接受大量信息，他可能直接忽略各位，开始新的"开头引入"，仿佛刚刚没有听到任何人说话一样。各位可能觉得匪夷所思，但这的确是经常出现的情况。绝对正确指的是：一定要确保自己说的话是没有漏洞的，千万不要去做无效率的事情，也不要轻易去下定义、给建议，这些都是可能被反驳的，会让各位瞬间失去自己已经定好的节奏，从而处于非常被动的局面。其实在真实的面试中，大部分人都不敢去做第一个说话的人，因为他们很害怕自己说错话，一开始就泄气了可不好。

构建一个简洁、清晰且绝对正确的开场白其实不难，就这个案例来说，各位可以在一开始说：我先来说吧，我们今天的任务主要是帮 ABC 公司找到问题所在，并且提出解决方案，所以我建议我们可以一个一个任务地来，先看问题，再针对每个问题给出解决方案，大家觉得这样可以吗？

这个开场白一共包含四个信息：①机智抢话小套路：我先来说吧；②点明任务：我们今天的任务主要是帮 ABC 公司找到问题所在，并且提出解决方案；③说明流程：所以我建议我们可以一个一个任务地来，先看问题，再针对每个问题提出解决方案；④礼貌询问：大家觉得这样可以吗？

第一个信息，可以让各位有个缓冲的机会，试想一下，如果一个人冷不丁就开始说有重要内容的长句子的话，其实前半句信息一般是不可能被很好接收的，所以各位需要一句"提示音"来告诉其他组员：我要来了哦。当然，由于这句话不是什么复杂的话，所以各位可以很流利地说出来，给自己之后有条理的发言壮壮胆，做个缓冲。

第二个信息，这是个绝对正确的信息，为什么？因为这是案例任务里直接给出的信息，十分适合简短带过。如果各位参加过学生会议的话，就不难理解了，每次部长开会的时候都会以"我们今天主要是来商量一下这个活动要怎么组织，各位有什么想法吗？"作为开头，直接点明任务。但各位要注意，一定要用最简单的话去总结任务，不要照着读，毕竟写的东西和说的东西是不一样的，只要点明主题就好。

第三个信息，这是个十分自然的流程：像做作业一样，一道题一道题地做，难道不对吗？当然，各位完全不必去说自己的观点，比如，我建议我们可以一个一个任务地来，先看问题，该公司的问题我们可以从内部和外部来看，然后再针对每个问题给出解决方案。千万不要多此一举，在开场白部分提出"内部、外部"的分类方法，很可能会有人半路跳出来说：我觉得不要分内部、外部啊，直接看就好了。从而直接忽略了各位对整体节奏的输出，把节奏拉到"要不要分内外部"这个冲突上。所以，为了避免这类风险的出现，各位不要给组员任何机会反驳自己，因为你是不能控制组员风格的。

第四个信息，回归"成员"身份的礼貌询问。即便各位是那个想带节奏的人，也不要强行要求所有人按自己的逻辑来，各位不是老板，不是那个自然而然安排工作的人。试想一下，各位如果按上面的方式说了开场白，又有谁会不跟着走呢？毕竟这就是绝对正确的流程，他们想反驳也反驳不了。

2. 补充观点

当各位需要对一个话题或一个新阶段进行讨论的时候，就需要用展开说明的方法了。建议各位用下面三种方法展开说明。

①分点陈述。分点陈述的意思是，当各位需要补充两个观点的时候，一定要以"针对公司现存的问题，我有两个观点想要补充，第一×××，第二×××"的方式来进行补充。这样既可以让组员知道各位补充了两个什么观点，同时也告知组员：我只有两点要说，说完就好了。这样可以让各位的发言更容易被接受。

②总分结构。总分结构指的是，各位在说每一个细点的时候，一定要先提一下主题。比如，针对公司现存的问题，我有两个观点想要补充，第一是成本管理问题，我认为×××，第二是渠道问题，我认为×××。为什么一定要这样说话呢？试想一下，如果各位在点题之前说了很多自己的观点和相关证据，最后再来一句"所以我认为该公司的成本管理有问题"的话，组员很可能无法完全接收到各位所说的信息，他们所听到的内容可能就是最后的一句判断而已。而换种方式，先说结论再谈证据的话，至少组员会知道各位是要说成本问题了，接下来就可以继续带着"这个人在聊成本的问题"的想法，去判断各位的观点是否正确，这样显然会有效得多。

③简单证据。简单证据指的是，各位在说完自己的整体观点后，也要说一些相关原因。比如，各位不能说"我有两点要补充的，第一是成本管理问题，第二是渠道问题，以上就是我要补充的两点"，这时候组员会觉得：是这样吧，我分析案例的时候也觉得有问题，但是有什么问题你也没说啊。这么

说不完整，也没有说服力。所以，各位需要一些"小证据"来证明自己的观点，但是，要记得不要太啰唆，也不要扯太多题外话，比如"我今天才看到一个新闻说了，这个东西不安全，所以它是有问题的"。简单证据来自案例中的信息，各位一定要记得，所有的分析与推理都应该基于案例给的信息，"四大"的群面并不要求各位有太多案例之外的积累，不需要各位额外补充信息，否则就没完没了，毕竟商业案例没有正确答案，合理即可。

好了，最后来个对比案例，各位自行体会一下哪种对听者更友好一些。

日常案例：我想补充一下观点，我发现该公司财务报表上的员工薪酬占比很大，有40%，而其他公司只有20%，所以这一块是个问题。然后还有，我看到该公司的线上销售占比也跟同行业的其他公司不太一样，BCD公司和CDE公司的线上渠道占比都是50%，该公司只有20%，所以这个部分也是存在问题的。

有果案例：针对公司现存的问题，我有两个观点要补充：第一是成本管理问题。我认为该公司在员工薪酬管理上存在较大的问题，各位可以看看案例的第3页，这里有该公司的各项成本和费用数据，我们可以看到，员工薪酬占了总成本的40%，对比同行业其他公司来看，这项成本只占了总成本的20%。所以，该公司员工薪酬明显过高。第二是渠道问题。我认为该公司的渠道还是太单一了，各位可以看看案例第5页，这里有该公司不同渠道销量的数据，我们可以看到该公司线上渠道销售占比只有20%，而同行业其他公司的相关比例是50%，这足以说明其实对于这个行业来说，线上是很重要的销售渠道，但该公司并没有很好地利用线上渠道。以上就是我要补充的两点，大家觉得呢？

看出来了吗？前者还需要组员帮忙总结，可能各位说了两点，但组员最后只接收到一点，而后者给人的感觉就完全不一样，我要说两点，这两点分别是什么我都讲清楚了，并且原因也说得很清楚，你可以反驳我的观点，但我把话都讲明白了。

3. 反驳观点

反驳不难，"构造"有逻辑的反驳会比较难一点。举个例子，假如案例中提到了该公司的一次公关危机事件，说有个人食用该公司的产品后过敏，然后休克了，一怒之下把公司告上法庭，一时之间，舆论导向对公司非常不利，骂声连连。于是，有个组员在没有读明白案例的情况下就发言了：我认为ABC公司的产品质量有问题，因为案例中说有个人食用产品之后中毒了，对公司形象造成了很大的影响，因此产品质量也是要提升的。

这时候各位只需要温柔地说：不好意思，我不是很赞同你的观点。我认为就现有的信息来看，不足以说明该公司产品质量有问题，各位可以看看案例第7页，这里说这个人是因为对产品中的成分过敏才导致的休克，其实这不算是产品质量问题，主要是因为公司在包装上没有予以提醒，才会导致这类事情的发生。大家怎么认为呢？

所以，当各位想反驳其他人的时候，一定要注意：①温柔引入；②相关证据；③询问在场组员。不能张口就来：不对，我不赞同你的观点，我觉得产品质量没问题。你怎么证明你就是对的呢，一上来就说"不对"，面试官会觉得你太霸道了，不尊重人，没有团队合作意识。

4. 总结陈词与推动进度

总结陈词有两种：第一种是比较常见的阶段性总结，第二种是实在没办法了的总结。不论哪种总结，各位都需要做到：①分点陈述；②总分陈述。这看起来和"补充观点"类似，但少了"简单证据"部分，为什么就不需要证据了呢？因为证据开始讨论的时候都说过了，所以没有必要再重复说一遍。

先说第一种，这种总结陈词一般和进度推进是分不开的，故放在一起说了。还是上面那个案例，假设组员们已经把问题都讨论得很透彻，没有继续讨论下去的意思了，各位就可以抓住这个时间节点开始作总结：刚刚我们已经讨论了公司的很多现存问题了，我这里做个总结，一共有三点：第一是成本管理问题，尤其是员工薪资过高的问题；第二是渠道问题，我们认为该公司渠道过于单一，线上渠道搭建得不够完善；第三是推广问题，我们认为该公司推广力度还很不够，这也导致该公司产品销量逐年下降。针对现存问题大家还有什么想要补充的吗？没有的话我们可以开始问题解决部分了。

第二种是没办法了的总结。何为"没办法了"呢？假设一个组员讨论时实在是说不清楚、没有逻辑，但是也说了一点什么东西出来，比如之前的例子：我想补充一下观点，我发现该公司财务报表上的员工薪酬占比很大，有40%，而其他公司只有20%，所以这一块是个问题。然后还有，我看该公司销售占比的部分也跟同行业其他公司不太一样，BCD 公司和 CDE 公司的线上渠道销售占比都是 50%，该公司只有 20%，所以销售渠道也是存在问题的。对于这种回答，各位可以非常简洁、清晰地"帮助"对方做个总结：所以这位同学提了两个问题，一个是员工薪酬过高的问题，另一个是线上渠道的发展问题，对吗？要知道，这句话占用的时间最多只有 10 秒而已，但可以帮助团队更好地接收刚刚输出的两条信息。这一方面证明各位在认真倾听组员的发言，另一方面也可以"暗踩"组员，因为你的发言明显有逻辑多了，既做了好事，又帮助了自己，何乐而不为。

8.5.4 整体节奏

整体节奏应该如何把控呢？还是拿上面的案例来做例子，假设参加群面的人都是各位的"分身"、非常友好且十分默契地配合讨论、注意节奏，则该案例的整体走向应该是：开头引入——补充观点——（可能有的）反驳观点——总结陈词与推动进度——补充观点——总结陈词。

1. 开头引入

我先来说吧，我们今天的任务主要是帮 ABC 公司找到问题所在，并且提出解决方案，所以我建议我们可以一个一个任务地来，先看问题，再针对每个问题给出解决方案，大家觉得这样可以吗？

2. 补充观点 1

针对公司现存的问题，我有两个观点想要补充：第一是成本管理问题。我认为该公司在员工薪酬管理上存在较大的问题，各位可以看看案例的第 3 页，这里有该公司的各项成本和费用数据，我们可以看到，员工薪酬占了总成本的 40%，对比同行业其他公司来看，员工薪酬只占了总成本的 20%，所以，该公司员工薪酬明显过高。第二是渠道问题。我认为该公司的渠道太单一了,各位可以看看案例第 5 页,这里有该公司不同渠道销量的数据,我们可以看到该公司线上渠道销售占比只有 20%,而同行业其他公司的相关比例是 50%,这足以说明其实对于这个行业来说,线上是很重要的销售渠道,但该公司并没有很好地利用起来。以上就是我要补充的两点,大家有什么看法?

针对问题这部分,大家还有什么要补充的吗?

3. 补充观点 2

我很赞同你的观点,针对这部分我还有两点想要补充的,第一是推广问题,我认为该公司在市场推广方面做得不到位,这也导致产品销量逐年下降,大家可以看看第 2 页,这里提到过一些年轻人对公司品牌的反馈,他们更多表达的都是"从来没听说过这个品牌,所以购买时也不会考虑",从这一点可以看出来,该公司的市场推广力度是不够的,这是第一点。第二点是产品质量方面,我认为该公司产品质量是有问题的,大家可以看看第 7 页,这里提到曾有个客户因为食用该公司的产品过敏,以至于休克了,这给该公司品牌形象造成了很不好的影响。

4.(可能有的)反驳观点

不好意思,我不是很赞同你的观点。我认为就现有的信息来看,不足以说明该公司产品质量有问题,大家可以看看第 7 页,这里说这个人是因为对产品中的成分过敏才导致的休克,其实这不算是产品质量问题,主要是因为公司在包装上没有予以提醒,才会导致这类事情的发生。大家怎么认为呢?

(大家赞同你的观点……)

5. 总结陈词与推动进度 1

提醒一下时间啊,现在我们只有 15 分钟的讨论时间了。刚刚我们已经讨论了公司现存的很多问题,我这里做个总结,一共有三点:第一是成本管理问题,尤其是员工薪资这一块过高的问题;第二是销售渠道问题,我们认为该公司销售渠道过于单一,线上渠道不够完善;第三是推广问题,我们认为该公司推广力度还不够，这也导致该公司产品销量逐年下降。针对现存问题，大家还有什么想要补充的吗？没有的话我们可以开始问题解决部分了。

6. 补充观点 3

针对问题解决这部分，我想就成本管理来说一下，刚刚我们主要谈的是员工薪酬这个问题，大家可以看一下案例第 5 页，这里提到该公司员工的平均薪酬偏高，所以公司可以尝试着改变一下薪酬体系，比如把原来的"固定工资"转为"固定工资＋期权"，一方面员工不会因为薪资下降而离开，另一方面，期权的价格一定程度上跟公司的未来发展有关，员工也会希望公司发展得更好，这对自己来说也是很好的回报。大家觉得呢？

7. 补充观点 4

嗯嗯，我很赞同这位同学的观点。针对员工薪酬我还有一点想要补充，我认为还可以通过结构优化减少这方面的开支，大家可以看一下案例第 5 页，这里有员工数量和公司营业收入的数据，我们可以看到该公司员工数量与整体收入的比例是同行业中最高的，这证明该公司的员工数量并没有达到最优的情况，所以可以适当进行裁员或员工结构优化来减少不必要的开支。大家觉得呢？

针对薪酬部分，大家还有什么要补充的吗？

（大家没有要补充的了……）

8. 补充观点 5

那我来说说推广部分的问题吧，刚刚我们提到过该公司的市场投入是不足的，品牌知名度也很低，所以我认为首先公司应该提高市场投入占比，其次，应该加大新媒体渠道的投入，大家可以看一下案例第 7 页，这里说公司目标客户是 20—30 岁的年轻人，并且在另外一个图中可以看到这部分人受新媒体广告的影响更大，所以如果该公司想提高在目标客户群体中的知名度的话，应该在新媒体方面有更多的投入。大家觉得呢？

针对推广部分，大家还有什么要补充的吗？

（大家没有要补充的了……）

9. 补充观点 6

那我来说说渠道部分的问题吧，刚刚我们提到了渠道单一的问题，并且也了解到其实对于这个行业来说，线上渠道是很重要的，所以我认为，该公司如果想完善自己的销售渠道的话，需要做两件事情：其一是新增独立的电商部门，因为目前公司是没有独立的部门负责这个事情的，而传统销售部门的人员可能不是很了解电商领域，专业的人做专业的事情，如果公司想打造电商渠道，则需要增加这方面的投入。其二是平台搭建，我们可以看到该公司目前只在京东上有自己的专卖店，在其他的电商平台都没有开店。所以我认为，该公司需要在天猫、苏宁易购等平台开设专卖店，才能最大化利用线上的流量。大家觉得呢？

针对推广部分，大家还有什么要补充的吗？

（大家没有要补充的了……）

10. 总结陈词与推动进度 2

提醒一下时间啊，我们只有 5 分钟的讨论时间了。刚刚我们已经讨论过很多解决方案，我这里来做个总结吧，一共有三个方面：第一是成本管理，我们提出了优化薪酬体系和优化员工结构这两个建议；第二是销售渠道问题，我们提出新增独立的电商部门和在天猫、苏宁易购等主流电商平台开店的建议；第三是推广部分，我们提出公司应该提高市场投入占比，建议增加新媒体广告投放。大家针对方案部分还有什么要补充的吗？没有的话我们可以来分一下之后案例陈述的任务了。

（大家愉快地完成了分工，开始了案例汇报……）

8.5.5 良好合作

如果所有的组员都是各位的"分身"的话，那即便中间有小小的思想摩擦，也可以有非常良好的合作，但事实上这是不可能的。因为不是所有人都会读这本书，也不是所有人都知道"应该怎么群面"。好了，这部分给各位说一下群面中会出现的特殊情况。要记得，任何时候都要保持礼貌，不要做可能让面试官认为你不礼貌的事情。任何时候团队利益大于个人利益，除非团队已经将各位挤得说不出话、毫无表现机会了，那各位也可以适当"不择手段"一些，毕竟这是面试。

1. 不说话的人

遇到非常害羞的组员，各位可以适当找机会温柔地问问对方有没有想法。这一方面体现了各位的团队精神，另一方面也体现了各位的领导力。各位不必担心任何人多说一句就比自己更有优势，只要各位持续保持输出和存在感的话，是可以脱颖而出的。

2. 疯狂领导的人

如果对方是一个完全不会带节奏，只会瞎指挥的人的话，各位可以通过阶段性总结来抢夺节奏权；如果对方是个非常好的领导者的话，各位也可以配合他的节奏，在每个阶段输出观点、适当总结。即便在领导力方面表现不突出，但其他方面综合来看的话，也绝对是不输的。当然，如果各位害怕遇到不好的领导者的话，就需要习惯性地把自己"培养"成领导者，这样就可以大大降低被错误的人领导的风险。

3. 说话不清楚的人

对于说不清楚话的人，有个最好的办法就是用标准的总结陈词去帮助对方重新梳理一下讲话内容，作用我们在之前已经提到过了。这十分好用，但十分心累，因为"要听懂没有逻辑的人的话，并帮助他整理出清晰的逻辑"真的是太难了。各位在尝试去做的过程中，一定会大大提高自己的沟通能力。

4. 讨论快结束了还在说话的人

这样的人是最可怕的，为什么？假设只有3分钟就要结束讨论了，而这位同学还在不停地输出且没有要停的意思的话，各位是很难做到两全其美的。让他停下来吧，可能面试官会认为你没有团队合作意识，并且如果这个人提了个非常有效的建议的话，打断他也是团队的损失。不让他停下来吧，各位就失去了最后分配陈述任务的时间，而匆匆忙忙上场是不可能表现得好的。

在这种情况下，各位应该怎么做呢，笔者提两个很有用的方法：①只剩下5分钟左右时间的时候，找准机会做上阶段的总结，并且一定要提醒组员：时间不多了，我们只有5分钟了。这可以传达"时间不多了，差不多得了，实在要讲也请讲快一点，不然会耽误之后分配任务"的信息。如果对方忽略各位的信息，还是自顾自地讲的话，那么这个人在知晓时间不多的情况下还肆无忌惮地浪费大家的时间，他也得不到什么好处。因为都临到最后了还在讲的，大多数都是那种前面没有什么贡献，临到头了觉得"不行了要发言了"的人，这种时候他也说不出什么特别有建议性的内容。②在对方刚要开口的时候温柔地打断：不好意思啊同学，想提醒一下我们还有3分钟的时间了，所以麻烦要讲快一些。如果对方还是自顾自地讲的话，那他就是那个让队员左右为难、浪费时间的"罪人"。

总而言之，遇到这样的人的话各位只能"认了"，因为各位不能剥夺其他人发言的权利。当然，各位也不要成为这样的人，有什么想法要提前找机会说，多多参与。群面就是这样的，越到后面越不敢说话，或者说打乱节奏的话，或者说前面已经说过的话，或者临到要总结了开始说话，这会浪费团队时间，这一点各位请尤其注意。

5. 缺乏大局观的人

还拿上面的案例做例子吧，比如在开头引入的时候，组员都同意"先看问题，再说方案"。但总有人会去做打乱节奏的事情，例如在各位还在聊公司有什么问题的时候，这个人突然穿插着说了一个问题的解决方案。如果任其打乱节奏，则各位的案例讨论将变成：讨论一会儿问题，讨论一会儿方案，方案还没讨论彻底，又讨论其他问题。这是非常没效率的，并且也不利于做阶段性总结，一来二去，各位的群面将完全失去节奏，最终的输出也可能不完整。

有两种方法可规避这类风险：①暗示。比如在每次想要引起话题、总结补充的时候，各位可以说：所以针对公司现存问题方面，各位还有什么要补充的吗？针对员工薪酬解决方案方面，各位还有什么要补充的吗？

②赞同与提醒。比如某人在各位讨论公司问题的时候，不合时宜地补充了某个问题的解决方案，注意，此时各位还没有结束这一阶段的讨论与总结。那么，各位可以在这位同学发完言之后立即抢发言位，说：我很赞同这位同学的观点，但目前我们还在找现存问题的阶段，您刚刚说的可以放在"问题解决"板块，那针对现存问题，各位还有什么要补充的吗？

当然，风险只能规避，不能消除，如果各位运气十分不好，遇到了一群"不守规矩"的人的话，节奏乱了也就乱了，因为不可能一直去提醒所有人，充当一个"跟所有人为敌"的角色。在这种情况下，各位只能尽力去输出观点，并且在混乱的情境下尝试着做总结了，这样至少能保证：团队输出是有逻辑的。

6. 被反驳的自己

很多同学在被反驳了之后会觉得：我不行了，我果然不会分析案例，之后我说任何东西都会被反驳，完了完了，算了，看他们表演吧，从现在开始，我一个字都不会再说了！

被反驳了重新站起来就是，面试官是不会因为一个错误就全盘否定各位的，当作什么都没有发生过，继续加入讨论就是了，这样面试官反而还会认为各位的抗压能力不错。所以，不要放弃啊！

8.6 附加部分：往年部分"面经"整理（回忆版）

在讲解这部分之前，笔者想再次不厌其烦地提醒各位："四大"每年的流程可能是会变化的，各位务必结合当年的情况来准备。这部分只给各位列举几个曾经出现过的考核流程及面试案例，仅作为参考使用，案例细节可能有出入，但大致方向是对的，各位切勿产生"每年都考这些题"的想法。再者，该部分"面经"均以中文形式呈现，实际上各位遇到的案例均为英文案例，且不同信息会有不同的呈现方式（例如图表等），希望各位注意。最后，出于版权保护，这里仅给出各案例主要信息及任务方向，不涉及相关案例的具体内容。

1. "D记"秋季招聘——群面流程及案例分享

（1）流程说明

主要为8人一组的小组讨论，最开始是看一个3分钟的视频，主要是分享一些关于案例公司的基本情况（这部分和其他成员的共有部分信息是一样的，但是没有那么细），在这3分钟内，各位可以选择看公共信息，也可以选择从视频中提取公共信息。（注意，建议各位可以边听边浏览一下相关的信息，然后记录在纸上，因为怕有录音没有涉及的关键部分。如果觉得这样很麻烦且写不完的话，也可以通过听信息做记录）视频结束之后会给各位7分钟的时间看自己的专有材料，整个案例一共有4个部分的专有材料，每两个人拿一份一样的信息。共同信息有7到8页，不同信息只有1页。正式群面讨论之前，还有个人陈述部分，每个人有2分钟英文或中文的陈述（具体看面试官要求，用英文、中文的情况都出现过），陈述内容为自己拿到的部分信息的相关总结和案例观点输出。

> **注意：**
> （1）如果现场有白板可用的话，各位可以借助白板来做个人陈述，写一下关键信息，这样方便整合自己的观点，也方便做个人陈述。（2）个人陈述时一定注意"分点＋总分陈述"规则，不然说不清楚。比如，我拿到的部分是×××，针对这个部分我主要发现了3个很关键的信息，说明1、2、3分别是什么。（3）注意把自己拿到的信息做合理的分类，比如按照内部和外部来分。（4）整合其他人的观点，缺少关键信息的话各位会把控不好群面讨论的节奏。

个人陈述之后是小组讨论，共计25分钟。讨论结束之后是4分钟的"Q&A（问与答）"环节，面试官会有针对性地提出一些问题，一般来说会针对一些在小组讨论中没有注意到的细节，或者针对一个观点深入去问。比如，这个方案具体怎么执行？这样落地会有什么风险？等等。群面之后是合伙人面试环节，当然，过了群面的人才有合伙人面试资格，合伙人面试时间可能会当场通知，或隔一两个小时通知。

另外，除了这类群面方式之外，"D记"也曾频繁使用过传统的群面方式，即8个人为一个小组，每个人拿到的信息是相同的，没有看视频等其他信息分享方式，没有个人陈述环节。

（2）案例信息及基本思路

案例描述：景点类公司盈利提升案例

案例任务：找到造成该公司盈利低下的相关原因，并提出解决方案，提高整体盈利

主要信息：客户是一家做户外园林景点的公司，目前门票50元/张，近些年该公司整体的盈利水平呈下降趋势，各类相关成本有的呈增加趋势、有的保持不变。其他信息暂未提供充分，比如竞争对手等信息就没有给出。

基本思路：

第一步：需要明确案例目标：①找到原因；②找到方案。这个逻辑看似简单但容易被忽略，且非常重要。因为这两个目标是有非常大的联系的：方案是需要根据原因去制定的。如果只是生搬硬套各种框架的话，那案例信息便毫无意义，提出的方案也注定是无法落地的。

第二步：基本商业思维代入。这是一个需要提升整体利润率的案例，那么根本思路一定是围绕着公式"利润 = 收入 - 成本 - 费用"来展开的。这是一个拆分的思维，换句话来说，如果想提高整体利润率，那么必须从收入、成本、费用这三个方面出发，至于具体问题出在哪里、如何提升整体利润率，根据案例中的信息来判断即可。这些都是各位在看具体案例信息之前需要明确的事情，最多只耗费10秒左右时间。

第三步：阅读理解与初步分析。"利润 = 收入 - 成本 - 费用"，记住这个基础公式，各位便可以开始阅读案例内容了。各位可能会想，为什么我不直接读案例找思路，而非得有个小框架再读呢？看起来很浪费时间。非也，其实带着思路读案例反而会提升效率，各位无须经历"读信息——整理信息——思考答案"这个盲目的过程，而是从目标出发，按照"逻辑搭建——内容填充——答案呈现"的思路来读案例，虽然都是三步，但整体上来说，

前者的逻辑性是远不及后者的。在读案例的时候，各位需要理清楚如下几个重要信息：①公司基本情况（主要是做什么的，目前的处境大概是什么样的。注意，各位只是看看基本情况罢了，不需要通过背景信息看透一切，基本了解即可）。②收入的主要来源（主要业务、次要业务占比，必要时可以将收入拆分成"销量*单价"）。③成本构成（主要关注占比较大的变动成本，因为本质上来说，控制固定成本的难度是大于变动成本的，当然，如果案例中并没有非常明显的分类的话，就忽略前面说的。就这个案例来说，主要成本有人力成本、材料成本、维护成本等，各位在阅读的时候需要大概看看它们的占比、金额波动、同业对比情况等信息）。④费用构成（费用分为营销费用、管理费用、财务费用，一般情况下财务费用涉及的不是很多，因为它背后站着"企业资本架构"这个"大神"，各位可能很难轻易改变这个架构）。在读案例的时候要注意一下信息分类，别到处乱写乱涂，写完了找不到可就白写了。

整理信息的过程中，各位可能就大概看出来该公司目前的问题所在了：①因为某些费用管理不规范、资金使用效率不高，使费用相应地增加，从而导致该公司的利润率及利润下降；②因为竞争对手挤压、自身产品落后、营销不善、消费者心理产生变化等，导致收入端出现了问题；③因为技术、内部管理等问题，使成本增加，从而导致利润率下降。所以不难看出，各位在读案例的时候，不能只停留在"阅读理解"的水平，比如看到"××expense is high"知道其意思是"某项费用非常高"，这没有任何意义，要通过这些表面现象大致分析一下背后的原因。比如，某项费用非常高，这是一个问题，而导致费用变高的原因是某方面管理不善，这样才会有一定的指引性，即要解决这方面的问题，需要提高管理水平。

第四步：深入分析，确定走向。回到我们最开始说的案例目标：①找到原因；②提出方案。最后一步即"完成任务"的步骤了，这需要各位围绕着目标来进行分析，毕竟这是最核心的任务。为"找到原因"，各位需要根据上面给出的成果去思考，在上一个步骤已经找出收入、成本、费用三个方面的问题了，现在需要再次理清楚该企业的关键问题：是因为外部竞争导致一系列问题出现，还是各类问题是分别产生的。比方说一个病人现在主要的症状是头晕、发热、咳嗽,这看起来是三个问题,但根本的原因可能只有一个,就是感冒了。所以这时就需要从更高层面去思考问题,各位需要回顾刚刚做的笔记,然后整体思考一下问题所在。

第一个任务解决之后再来看第二个任务:提出方案。方案是针对问题提出来的,所以在明确关键问题之后,各位便可以针对每个关键问题提出相应的解决方法。比如在之前的分析中发现收入方面有很大的问题,而收入方面的问题本质上是因为该公司提供的产品/服务落后,那各位可以思考一下该公司是不是需要增加新的赚钱项目(比如在景点中开个收费博物馆、卖点网红饮料或者网红食品、开设其他可行的娱乐设施等,这些想法完全属于头脑风暴,各位自行思考即可),或者可以考虑进行产品升级(比如投资一笔钱进行整改装修,然后提高门票价格)。当然,在提这些建议时,还要考虑预算,算个NPV(净现值)出来,如果没时间的话也不强求,大概考虑一下建议的可行性即可。如果各位发现该公司的主要问题出现在营销、成本管理等方面的话,则有针对性地提出相关的建议即可,逻辑都是类似的,这里不多提了。

最后要说的是,在分析真实案例的时候,各位可能会发现:唉,不是说从收入、成本、费用方面进行分析吗?但我没看到关于费用的信息,你这个框架不行!非也,这个框架非常实用,只是很多案例本身不够完善,提供不了完整的信息罢了,所以填不满框架是很正常的事情,但这并不代表各位可以随心所欲地分析案例,因为即便有部分信息不完整,各位仍然可以用这个框架去梳理逻辑。框架不是万能的,但框架可以帮助各位更好地思考问题,至少对于初学者来说是这样,如果各位能做到不依赖框架仍然可以输出完整的、有逻辑的思路的话,那自然可以用自己的方法了。

2. "P记"秋季招聘——Superday流程及案例分享

(1) 流程说明

该面试共有12人,分为A、B两组,主要分为4个流程:①破冰游戏;②第一轮群面;③第二轮群面;④合伙人面试。整个面试耗时一天,当然有

第八章
群面准备

些二线所只需要用半天就可以走完流程，巧妙地节省了午饭钱。具体来说，破冰游戏包含两部分，分别是英文自我介绍和小话题：每个人面前会有一张盖着的纸，每张纸上写有一个小话题（比如分享一个有趣的瞬间、选择你最喜欢的一个网红单词做解释、分享一件最有意义的事情等），然后按照座位顺序依次做一个简单的自我介绍（包括学校、专业等），再加上小话题的分享，当然，如果有人自愿做第一个开口的人，也可以不按座位顺序来讲，但每个人只能在轮到自己的时候翻开面前的纸，以确保公平。当然，也有的破冰游戏是给出几个开放性问题让各位自由选择发挥，题目包括：①在岛上隔离14天，你要带三样东西，你会带什么？②如果要变成一种动物，你会变成什么？③你要去某地方生活，你会去哪里？④你会用哪种颜色形容自己？原因是什么？破冰游戏年年变，但整体都属于开放性的话题，不会对考核产生很大影响，主要还是希望各位在正式面试前释放一下紧张情绪罢了。

破冰游戏结束之后便开始群面，各位会有1分钟的时间阅读案例背景和基本的介绍（该介绍分为中英文两版，读哪个都一样），随后是10分钟的案例阅读时间，案例大概为3—4页。阅读结束之后各位会有35分钟的小组讨论时间（也曾经出现过只给20分钟讨论的情况），请注意，讨论是分组进行的，即各位只需要跟自己所在的小组成员讨论。讨论结束之后会有15分钟的小组案例陈述时间（也曾经出现过只给10分钟案例陈述的情况），需要每个人都参与进来，且必须用英文做案例陈述。在案例陈述之后会有"Q&A"部分，即A、B两组在听完对方陈述之后互相提问，当然，这个过程中面试官也可能会参与提问。

第一轮群面结束之后各位会进入第二轮群面，这个环节里将不会再有A、B小组之分，而是12个人为一个大组进行讨论。因为在前一轮面试中，A小组必须选择A方案，而B小组必须选择B方案，各自站在自己的立场进行讨论。而在第二轮面试中，各位将会看到额外的案例信息，同时会被告知：现在无须选择方案了，你们将为了同样的目标而进行讨论。该部分各位会有10分钟的额外信息阅读时间，在前5分钟里，各位可以根据实际情况向面试官提问，索取额外的案例信息，当然，这取决于面试官手里是否有相关的案例信息，如果有的话，则面试官会口头告诉你，拿到额外信息的各位自然可以加以运用，提出更落地的方案。10分钟阅读时间结束后会有20分钟的小组讨论时间，之后是10分钟的案例陈述，有的时候可以用中文做陈述，有的时候只能用英文，与上一轮群面不同的是，这轮的案例陈述要求最少4个人参与，即最少派4个代表做陈述，不能更少，但可以更多。

群面结束之后便是午餐时间、"P记"的广告时间与合伙人面试时间，当然，单面部分这里就不做分析了，后面会详细阐述单面问题及回答方法。

（2）案例信息及基本思路

案例描述：短视频公司股权融资案例

第一部分案例任务：探讨公司现状、选择某公司的理由及风险、下一步的发展计划

主要信息：A公司是家短视频公司，近几年发展得非常快，有很好的技术和稳定的客户群。由于发展需要，A公司想为下一步发展进行融资，目前有X、Y两家公司可以选择。X是一家做社交软件的公司，目前收购了一家技术公司，旗下有多款产品，且案例也给出了X公司目前的用户数量、平均使用时长及客户群等信息，另外，X公司可以为A公司提供150万元的融资，分3次给。Y公司是家电商类公司，优势是可以给A公司变现的渠道，并且案例提供了一个柱状图说明电商平台的销售情况，以及不同年龄层人群对广告接受度的信息（年龄越大，广告接受度越小），Y公司可以一次性为A公司提供融资100万元。

基本思路：

第一步：需要明确案例目标：①公司现状；②选择及相关原因；③相应风险；④发展计划。需要注意的是，该案例看似只有3个任务，实则有4个，因为风险是需要单独考虑的，不能忽略不计。

第二步：基本商业思维代入。在确定方案之前，各位需要先了解X、Y两家公司的情况，这样才知道哪家是最适合A公司的。至于选择的逻辑思路，我们在之前的部分已做介绍，这里就不多提了。发展计划是在"公司现状"和"选择及相关原因"的基础提出的，在A公司确定了融资目标后，主要是思考下一步怎么发展。

第三步：阅读理解与初步分析。这一步各位需要理清楚以下几点：① A 公司基本情况（A 公司的主要产品、商业模式、增速、收入情况等背景信息）；② A 公司具体情况（主要是 A 公司内部外部的一些情况，可以明确目前该公司的处境，各位可以按照 SWOT 架构去做信息整理）；③ 投资者情况（需要结合前面的信息一起分析，因为融资的目的不是找一个最富有的"金主"，而是找最适合的"金主"）。

对于这种通过答案来倒推原因的案例，各位可以"戴着有色眼镜"读案例。当然，与上一个案例不同的是，该案例"强行"加入了现状分析与未来发展这两个任务，但不论案例有没有要求分析现状，都需要做相应的分析，不然，提出来的方案可能无法落地。至于未来发展，在这一步无须过多思考，在下一步深入分析即可。

第四步：深入分析，确定走向。收集了一波信息之后，各位便可以开始分析了。其实在做完上面那一步后，各位应该已经得出第一个任务的答案了，故这部分不再多提，我们直看第二个任务。选 X 公司的依据是：① 客户资源（由于 A 公司和 X 公司都属于互联网公司，所以如果 X 公司的现有客户群非常庞大，且与 A 公司目标客户群一样的话，则 A 公司可以利用 X 公司的资源，比如 A 公司可利用 X 公司的产品打广告等）；② 技术资源（X 公司有很好的技术支持，且互联网公司的发展离不开技术）；③ 资金（各位要思考资金总量，虽然从单次给的金额来看，X 公司可能不占优势，但由于案例信息不足，各位完全可以假设 A 公司并没有很紧急的资金需求，所以从长远来看，X 提供的融资更多）。

选 Y 公司的依据：① 生态体系（由于 Y 是一家电商类公司，故 A 公司如果和 Y 公司合作的话，会形成一个更完整的商业模式，更容易实现流量变现）；② 数据资源（由于 Y 公司可以提供大量的客户消费信息，则 A 公司可以利用该类信息以实现 B 端客户广告精准投放）；③ 收入（假设 A 公司和 Y 公司合作，实现了更大的流量变现的话，则 A 公司可以分到更多的收益，再者，广告收入对短视频类公司来说是一个重要的收入来源，利用数据优化广告投放也会让 A 公司收益增加）；④ 资金（对于选择 Y 公司的持方来说，需要强调资金需求的紧急性，所以即便长远来看 Y 公司提供的融资不及 X 公司多，但短期内 A 公司能融到的钱会多出一倍）。

至于风险部分，既然是股权融资，A、B 两组都需要考虑股权稀释的风险，这就牵扯到股权出让比例。同时各位也需要考虑在合作中可能产生的各类风险及应对措施，比如信息泄露风险等。至于未来发展部分，各位可以结合前面说的"选择因素"考虑，比如与 Y 公司合作的话，A 公司便可以建立起更为完整的生态体系，而如果与 X 公司合作的话，A 公司可以借助其庞大的资源将自己的产品打造成覆盖面更广的互联网产品。

第二部分案例任务：从目标群体、商业模式等方面来看，A 公司应该如何与 Z 公司竞争

主要信息：X、Y 公司都想争取对 A 公司的绝对控制权（100 多万元就想要绝对控制权，简直是在抢劫），所以 A 公司就找了一家别的企业进行融资。后来，X、Y 公司合并成立了一家新的公司——Z，Z 公司也准备做短视频业务，同时，Z 公司还想做与 VR 游戏相关的业务。除此之外，新的信息给出了一个 VR 游戏、电商、短视频的成本数据。最后给了 A 公司目前的收益占比情况：打赏占 70%，电商占 10%。

额外信息：这个部分可以问很多信息，包括：① VR 游戏市场的情况，包括市场规模、竞争情况、产品类型等；② 短视频市场的情况，包括市场规模、竞争情况、产品类型等；③ A 公司的用户数量、平均使用时长、客户群、客户偏好等；④ 打赏政策。

基本思路：

第一步：需要明确案例目标。站在与 Z 公司竞争的角度，确定 A 公司的目标客户群和商业模式。

第二步：基本商业思维代入。精准定位往往需要以产品和市场为基础，这是公司赚钱的核心要素，而其他的都是促使核心要素更好发展的催化剂。当然，对于第二部分案例任务来说，各位也可以简单地围绕着任务本身思考，就当作在回答"A 公司目标群体"与"A 公司商业模式"这两个问题，毕竟该案例给的信息实在是太少了，估计无法搭建出完整的框架。

第三步：阅读理解与初步分析。这一步各位需要理清楚以下几点：① A 公司的具体优劣势（优势可以体现为现有资源、技术等，而劣势可以体现为产品多样性、生态体系等）；② Z 公司的优劣势（知己知彼，各位可以用同样的逻辑理清楚 Z 公司的优劣势，当然，Z 公司的优势是 A 公司尤其要注意的地方，而劣势是 A 公司可以合理利用的地方）；③ 市场情况（这部分需要各位仔细分析短视频行业及其他行业的情况，因为该案例不仅要求针对 A 公司的短视频业务提出发展方案，还需要结合其他方面去分析 A 公司如何建立自己的商业模式）。

第四步：深入分析，确定走向。注意，这里不是凭空让各位确定 A 公司的未来发展方向，要站在与 Z 公司竞争的角度来确定发展方向。所以在确定目标客户群的时候，各位需要关注三个点：其一，A 公司目前的用户情况；其二，Z 公司目前的用户情况；其三，各业务的主要客户群体。把三个点代入分析之后，各位便可以知道：哪个用户群体是最为庞大和重要的，Z 公司在哪方面做得更好，A 公司在哪方面做得更好，从而可以分析出 A 公司的目标客户群。举个例子，假设目前短视频市场中 a 类用户是最多的，而 A 公司目前的主要用户群也是 a 类用户，而 Z 公司的主要用户群是 b 类，那么对 A 公司来说，维护好 a 类用户就是非常重要的事情。

至于商业模式部分，由于信息有限，故该案例不要求各位提出非常复杂的模式，只需要在确定目标客户群之后思考 A 公司还可以开展哪些新的业务即可。比如，经过分析，各位认为 A 公司应该发展自己的电商平台，则把商业模式简单地理解为"短视频平台＋电商平台"即可。当然，短视频平台与电商平台都有自己的盈利点，但这些都不重要，各位不需要做过多的分析。

当然，各位切勿产生"P 记"只考核这类案例的想法，传统的利润提升类、问题解决类等案例在"P 记"的面试中也经常出现。从本质上来说，商业案例不论怎么变化，就那几大类而已，所以各位如果想好好准备面试的话，即便在只进入了某一家的面试的情况下，也可以参考一下其他事务所的面试案例，会有帮助的。

3. "E记"秋季招聘——群面流程及案例分享

(1) 流程说明

8个人为一个面试小组，最开始是简单的自我介绍（中英文都出现过），结束之后便是案例时间。各位会有10分钟的案例阅读时间（也出现过15分钟的情况），案例一般为5—6页，再接下来是40分钟的讨论时间（也出现过30分钟的情况），讨论结束后各位会有20分钟左右的案例陈述时间（也出现过15分钟的情况），每个人都要用英文做陈述。群面结束后，每个人都会有经理单面的机会，该轮面试通过后会有合伙人面试，有的合伙人面试很快，可能当天就可以完成，也有的合伙人面试会在两周之后通知。另外，曾经的"E记"面试也出现过单独陈述环节，即在各位阅读完案例后，每个人都需要对案例进行2—3分钟的总结陈述（中英文陈述都出现过），当然，总结陈述并不是每年都有。

(2) 案例信息及基本思路

案例描述：巧克力公司市场拓展

案例任务：从商业模式、市场选择、渠道等方面回答该公司应该如何扩大市场份额，这背后的挑战有哪些，相应的解决措施是什么

主要信息：你的客户是一家国外的巧克力制造商，在中国已经占有一定的市场份额，店铺全部都是直营店，分布在中国的一二线城市。该公司现在面临着一些问题，希望进一步扩展中国市场。该公司对于自己的产品有很高的要求，不希望产品质量把控不严或产品被伪造，所以现在的产品全都是从国外进口再销售的。中国对进口商品的检测十分严格，对保鲜等的要求非常高，该公司用了非常专业的运输商，导致运费很贵。店铺管理方面，目前国内的直营店基本上是高级经理做店面管理，他们的工资很高，且工资有提高的趋势。同时，该公司线下直营店均位于核心商圈，所以店铺租金很高。案例中给了一个成本构成的表格，其中包括运输成本、人力资源成本等。另外也给了一个成本与销量相关性的折线图，在折线图中各位可以看到：运输成本随着销量的增长而趋于平衡状态。另外，案例也给出了市场表现方面的信

息：该公司在一线城市有 15% 的市场份额，但由于竞争对手的进入，相关市场份额有所下降。在二线城市有 5% 的市场份额，有很多大众品牌参与竞争，但同时也有很多消费者。最近几年，二线市场的表现很好，甚至超过了一线市场的表现。

公司之外的信息有三个部分，其一是加盟店与直营店的分类介绍，案例用一个表格陈述了加盟店的形式：①加盟商自己确定店面和服务，加盟费根据产品销量来收取，该类加盟商的产品必须由公司提供，且只能售卖公司产品，商品售价由总部确定；②加盟商可以根据自己的需要在周围寻求供应商，且其他条件也更有弹性（可以售卖各种产品），该类加盟商的加盟费用是根据产品利润来收取的。当然，案例中也提到，各类加盟店都有一定的风险，比如售卖假货。其二是市场方面，案例中给出了一些城市的情况（比如一线城市、新一线城市、二线城市分类等），同时也告诉各位该公司目前在各个城市的店铺数量，该公司更倾向于在哪些城市开店。其三是一个可供参考的方案：①星巴克通过产品多样化提高了自己的整体收入及利润；②某国外公司没有在中国开设线下商店，而是通过电商渠道售卖产品，也有很好的销量，且减少了不必要的各类成本。

基本思路：

第一步：需要明确案例目标。①扩大市场份额；②分析这背后的挑战。③给出相应的解决措施。当然，各位不要忽略案例给出的提示，可以着重从商业模式、市场选择、渠道等方面探讨如何提高该公司整体市场份额。但要记得，该案例的目标不是让各位选择合适的商业模式、市场等，而是要帮助客户扩大市场份额，商业模式之类只是案例给出的思路（毕竟很多非商科学生没有一定的商业思维），这是很多面试者会搞混的一点。

第二步：基本商业思维代入。一谈到"市场份额"，各位应该首先想到的是整体的销售额，假设一个特定市场的总量是每年 100 万元的销售额，如果该公司的销售额达到 30 万元的话，那么我们就可以说，该公司的市场份额为 30%。所以在这个案例里，提高市场份额的另一个意思是：如何提高该公司的整体销售额。而销售额又可以拆分成"销量 * 单价"，亦可以拆分为"∑各类产品销量 * 各类产品单价"，换个角度思考的话，也可以拆分为"∑各类渠道销量*各类产品单价"，等等。思考周密一点的话，各位可以回想之前案例中提到过的思路：在哪个市场卖、卖什么产品、按什么价格卖、在什么渠道卖、怎么推广才更好卖。所以各位看到"扩大市场份额"这类题目的话应该暗自庆幸，因为扩大市场份额的方法太多了，可以从产品、价格、渠道、推广等方面去考虑。另外，各位不要看到题目就开始进行头脑风暴，还需要结合案例信息对症下药才行。

第三步：阅读理解与初步分析。确定基本思路之后，便可以开始案例内容的阅读了，这里各位需要理清楚如下几个重点：①公司基本情况（主要是做什么的、目前的处境大概是怎样的，毕竟各位需要先了解该公司情况，才可以有针对性地提出改进意见）；②公司具体情况（简单来说，通过进一步了解该公司的具体市场分布、产品、渠道、售价、推广方式、成本构成情况及近期表现等，各位便可以知道该公司的商业模式，有哪些表现不错的地方，有哪些应该提升的地方）；③市场情况（就该案例来说，各位需要明确的是一二线市场潜力如何，这可以为各位做市场分析的时候提供有效的思路）；④其他信息（就该案例来说，各位不要忽略电商平台、产品多样化这两个方面，毕竟案例都写得很明确了，这摆明了是要各位用在案例分析里的）。

同之前的案例分析一样，这一步不需要各位完成所有的任务，只需要理清楚目前公司的内外部情况，为下一步分析做准备。

第四步：深入分析，确定走向。回到最开始说的案例目标：①扩大市场份额；②指出这背后的挑战；③给出相应的解决措施。在这一步各位需要明确核心任务，然后依次完成即可。简单来说，各位需要根据目前公司内外部情况分析如何扩大市场份额，并给出具体方案，但是在方案落地的过程中可能会遇到很多困难，所以各位需要指出这些困难，并提出解决困难的方法。整体来说，这三个任务是一环扣一环的，即有了前面任务的分析，才会有下一个任务的分析。至于第一个任务，各位可以回到原来的思路：在哪个市场卖、卖什么产品、以什么价格卖、在什么渠道卖、怎么推广才可以更好卖。结合该案例给出的信息，可以发现，其实产品的售价和推广方面并没有给出太多信息，换句话说，各位可能很难通过案例信息了解该公司目前在这两方面是怎么做的,做得好还是不好,所以无法针对这两方面做过多的讨论,简单提一下即可。第一个问题的核心点是什么?其实看过案例就可以知道核心点是:渠道、市场、产品、其他。商业模式其实属于销售渠道,故不单独提出。至于市场方面,简单来说就是店铺要"开在哪儿",各位可以结合该公司目前的物流情况、市场覆盖情况和市场潜力这三个因素确定新的目标市场在那里。至于渠道方面,简单来说就是"开什么",是加盟商还是直营店?或者该公司不需要太依赖线下店,可以大力发展电商平台,各位可以从成本、商誉、风险、长远市场布局等角度分析该公司需要"开什么"店,因为没有固定答案,可以分析该公司在短期内先拓展什么类型的渠道,发展成熟之后再怎么做。至于产品其实没有什么太多可以说的,就这个案例来看,只提及产品多样化即可,至于具体怎么做,各位头脑风暴便是,也可以头脑风暴一下具体的推广方式等。

第一个任务完成之后,各位可以开始思考下一个任务。其实很多面试者在看到第二个任务的时候会比较迷茫,他们并不知道怎么指出相关的困难。其实换个角度想就好了:假设客户公司实施各位提出的方案的话,哪些方案比较难落地?或者方案落地之后有哪些风险会随之而来?所谓"困难"其实就是方案落地过程中和方案落地后的"阻力",各位无须细化到现金流类问题,因为讨论时间有限,困难是聊不完的。而案例为什么需要各位去聊"困难"呢,从本质上讲是因为很多面试者提出的方案是无法落地的,比方说要求一家刚起步的公司去做大型跨国企业才能做到的事情,所以聊"困难"只不过是希望各位在提出方案的时候更切合实际罢了。比如招募加盟商过程中的一些阻力(想要招募和真的能招募到是两回事)、加盟商的产品质量及服务质量把控的问题、扩大销量后可能出现的库存及供应链问题、电商平台搭建及管理问题(这并不是件容易的事情)、竞争对手抢占市场等。其实这里不需要各位面面俱到,只要象征性地考虑到位即可,毕竟没有那么多的讨论时间。至于第三个任务,各位根据第二个任务中指出的每个困难有针对性地提出简要方案即可。比如针对产品质量把控问题,可以建议客户公司新增监管部门,不定期抽查加盟商销售的货品等,至于具体要设置多少人的监管部门、他们的工资如何计算等细节方面,就没有必要深入探讨了。

4. "K记"秋季招聘——群面流程及案例分享

（1）流程说明

9个人为一个面试小组，最开始为简单的自我介绍（中英文都出现过），结束之后便是读案例时间。各位有15分钟的案例阅读时间（当然也出现过10分钟的情况，看每年的具体安排），案例为5—6页，在读完案例之后，会有30分钟的讨论时间，至于群面讨论完后是否有案例陈述，需要看当年的要求，"K记"的群面不一定会有案例陈述。群面结束后每个人都会有经理单面的机会，该轮面试通过后会有合伙人面试，合伙人面试时间不定，有时候很快，有时候甚至要等一个月左右。

（2）案例信息及基本思路

案例描述：供应商选择

案例任务：为你所在的公司选择一个技术供应商，给出选择的原因，并且需要考虑到优势、劣势及相关成本

主要信息：你所在的公司是一家会计公司，市场分布在中国及亚洲其他国家，主要业务是代理记账、财务管理、预算服务等。案例给出了每项业务收入、利润、合同数量及合同单价等信息，并且告知各位该公司在管理、IT方面不是非常好，比较缺乏战略洞察能力。该公司的CEO为了供应商选择这件事情专门写了一封邮件，表达了他在筛选的时候比较看重的点，比如企业文化、团队等。除此之外，各位还拿到了三个潜在供应商的相关信息，其中A是一家提供大数据服务的公司，B是提供区块链服务的公司，C是提供智能服务的公司。案例还给出了每家供应商的产品及服务内容，以及产品特点、相关风险、规模大小、管理层及创始人信息、所在地区，并且也给出了该公司竞争对手的情况，例如竞争对手对每类技术的使用情况。

基本思路：

第一步：需要明确案例目标。通过对各个因素的分析，确定合作的技术供应商。

第二步：基本商业思维代入。选择类案例的逻辑其实并不复杂，各位

按平常的思路思考即可，比方说各位在挑选手机的时候，肯定会看手机的性能、价格、品牌等，了解每个重要因素并对比之后再作出选择。选择类案例亦是如此，各位必须先从不同角度分析每个候选者的情况，再对比作出最终决定。值得一提的是，很多学生在做这类案例的时候都会犯错：从结果推原因。比如先给出最终选择，然后再说明原因。这个逻辑其实是错的，有"强买强卖"的意思。还是结合买手机来说，你买了一款苹果手机，然后说苹果手机在各方面都做得更好，从而证明这是一个正确的选择。但事实上如果真的先对比了再做决策的话，你可能发现其实苹果手机并非在每个方面都很完美，比如价格很贵。这里并不是说"先对比再选择"和"先选择再说明原因"作出的决策完全不一样，可能两个方法会得出同样的结果，但前者更加有逻辑性和说服力。案例考核不只是为了要一个答案，每个案例也没有固定的答案，案例要考核的是思维逻辑，是推理出答案的过程，这一点各位要尤其注意。

第三步：阅读理解与初步分析。确定基本思路之后，各位便可以开始阅读案例内容了，这一步各位需要理清楚如下几个重要点：①公司基本情况（主要是做什么的、目前的处境大概是怎样的，先了解该公司的情况，才能更有针对性地寻找合适的供应商）。②每家供应商的具体情况（尤其要注意，一定要按逻辑去整理，不然读完了还是混乱的。按逻辑整理的意思是，各位可以把不同公司在不同方面的表现整理成一个表格，这样横向纵向对比看起来很清晰。比如A、B、C公司的管理层/创始人情况是什么样的。因为这是一个选择类案例，各位要找的是那个"最好的"，而不是找所有的可能性）。③竞争情况（就这个案例来说，竞争不是那么重要，只是作为选择的一个参考因素罢了，毕竟竞争对手作出的选择也不一定是最好的，但案例中的信息最好提及一下，不然面试官会有"你们忽略了重要信息"的想法）。

第四步：深入分析，确定走向。选择类案例相对来说比较简单，它们很像一道阅读理解题，各位回过头看看前面的步骤就懂了，其实在读完案例后，差不多心里也就有答案了，当然，如果现有的选项各有各的绝对优势和致命缺点，那各位就需要判断，哪些绝对优势是不能失去的，而哪些缺点是可以弥补的。

好了，回到正题，案例的任务是：通过对各个因素的分析，确定合作的技术供应商。把这个任务做一个拆分，第一步各位需要看一下前面做的总结，了解每个供应商各方面的情况，同时，也可以直观地看出来，在某个方面，哪个供应商更有优势。第二步是明确该公司和竞争对手的情况，比如该公司最大的问题和竞争劣势（这部分可以结合竞争对手情况来看，会更客观一些），这么做是为了让各位的选择更加落地，即更符合该公司的真实情况。最后一步，结合各供应商的情况和公司处境作出最优选择。当然，前面也提到过，选择类案例有时候可能会比较难选择，比如 A、B 公司各有自己的优势和劣势，如何判断谁是更好的供应商呢？首先要结合公司的实际情况来看谁更适合，其次要看对方的优劣是否绝对的，比如劣势是否可以通过一些方法去弥补，优势是否不可替代。通过对这些问题的激烈讨论，各位自然就会得出最终答案。

offer

第 12—13 天
单面准备

12—13

第九章

单面准备

对于各行各业的招聘来说，单面是非常重要的环节之一。面试官需要从各方面测试面试者的专业能力、沟通能力、逻辑思维、对岗位/公司的忠诚度、简历的真实性等是否符合岗位要求。通过单面，互相沟通之后，面试官才会知道，面试者能否胜任这个岗位的工作。

这部分将带各位从"0"开始准备单面环节，请各位务必从最基础的部分开始准备，不要跳跃到后面的部分，只看"参考答案"，这样是达不到理想效果的，而且可能"撞衫"，会很尴尬。另外，针对非四大审计其他岗位的面试来说，各位也可以参照这部分的逻辑去准备，因为逻辑都是相通的。

9.1 单面的形式及注意点

1. 人机单面

人机单面也就是所谓的 AI/VI 面试，有固定的面试题目，需要通过手机或电脑录下答案后上传至系统，统一筛选。德勤、普华永道都开始采用这一方法作为真人面试之前的筛选，所以各位还是有必要提前准备的。AI 面试有一定的特殊性，即需要通过机器识别文字及面部表情。所以各位在准备这类面试的时候要注意声音清楚和背景光线。在录制视频时可以用白墙作为底色，也可以在面部前方放一个光源，从而让面部表情更容易被识别。至于具体题目，在之前的"面经"里已提到过，且每年都可能会有变化，故这里不再多提。

2. 真人单面

四大审计部门的单面一般由审计经理和审计合伙人主导，这是"四大"和其他行业很不一样的地方，因为对其他行业来说，HR在面试环节会起到非常重要的作用，而"四大"却并非如此。对于四大审计部门来说，寒假及暑期实习的面试一般由审计经理操刀，通过一轮面试即可，而全职的面试一般来说需要先经过审计经理筛选，通过之后才进行合伙人面试。当然，对于普华永道来说，由于其全职面试流程的特殊性，群面后再完成合伙人面试即可。其实这背后的原因很简单：要不要一个实习生可以由经理说了算，而要不要一个全职员工必须由合伙人说了算。这也是为什么实习生的面试不需要合伙人参与，但实习生转正面试、全职面试均需要合伙人审核才行。

按以前的经验来说，经理会更关心候选人过往经历、忠诚度、专业能力（如果是相关背景的话）等方面，如果这个经理不偷懒的话，一般情况下会问得比较细，整个过程像是在为自己找个合适的好帮手。当然，如果各位遇到偷懒的经理的话（比如不看面试筛选而是看简历筛选、直接以群面表现定输赢），那各位的经理面试也可能非常简短，连自我介绍都不会有，就简单地问一下"为什么要选审计""你觉得刚才的群面你表现如何"便匆匆结束。

合伙人面试风格不一，主要看各位碰到的是哪一种。一种是"相信下属型"，他们会认为通过了层层筛选来见自己的人一定层面是够格的，所以整个面试会比较轻松，大概聊一下忠诚度、过往经历即可，时间也不会特别长。而另一种是"铁面型"，这种合伙人一般会亲自操刀，各位在经理面时遇到的各种问题，合伙人可能会原封不动地再问一遍，且非常严肃，显得十分挑剔。其实，早些年间的"四大"合伙人面试是不难的，能到合伙人面试这一关不容易，所以只要不犯大错就可以通过，但近些年四大审计的风格变了，合伙人慢慢变得越来越"挑剔"。总而言之，"四大"的合伙人面试早已没有了往年的轻松愉悦，所以即便到了最终筛选环节，各位还是需要认真对待，否则功亏一篑，白熬了前面的环节。

另外，大多数情况下，四大审计的真人单面都是线下的单面，只有少数情况下会采用远程单面（例如普华永道针对留学生开设的 CSI 项目，或其他采用远程面试的特殊情况）。但不论远程与否，各位都需要注意着装，四大会计师事务所是非常正规的企业，故面试时会要求候选人穿着正装，这一点与互联网公司不同。除了着装要求外，各位在面试的时候最好带两份打印好的彩色简历（毕竟没有人希望自己的证件照是黑白的），大多数时候公司会提前准备好简历，但有备无患。当然，提前 15 分钟左右到场也是必要的，迟到会给人留下不好的印象。

9.2 不同提问方式，却是同样的问题——提问方式介绍

在单面中各位可能会被问到各种各样的问题，很多问题看似不搭边，但本质上内容是一样的。很多学生在面试的时候缺乏识别问题的基本能力，会不自觉地掉入面试者的套路里，被虐得体无完肤，毫无还手之力。这部分将从一些简单的例子出发，带各位体会一下，何为"不同的提问方式，却是同样的问题"。

1. 直截了当问法

这类问题是最标准的，也是最简单的，因为候选人直接根据问题来回答即可，问题中也没有藏着什么小心机，不存在"话中有话"的情况。通常在候选人基本背景符合或者是 AI 面试的情况下，这类问题是最多被问到的。什么样的问题属于"直截了当问法"呢？举几个例子：（1）你为什么想来做审计？（2）你为什么要去英国留学？（3）你为什么选择德勤？等等。从字面上不难看出，这类问题是非常直接的，我想知道什么，就问什么，你回答我就好了。

2. 直截了当问法的升级版

这类问题看似没有拐弯抹角，但总给人一种无形的压力，因为通常情况下，这类问题会包含一些比较减分的因素，但不属于致命伤，毕竟如果是致

命伤的话，各位应该是见不到面试官的。举几个例子：（1）你为什么研究生要学市场营销？（2）你的缺点是什么？（3）你最大的失败是什么？就这三个问题来说，它们看似直接问各位的专业选择、缺点、失败的事情是什么，但总觉得不论如何回答，都会让自己处于不利的情况。因为市场营销专业本质上和审计还是有很大区别的，缺点是不好的习惯，而失败则说明各位曾经做的某件事情并没有获得很好的结果。如果再进一步分析这三个问题的话，其实"你为什么研究生要学市场营销"是在考验各位想来做审计的决心；而"你的缺点是什么"是看各位的缺点对审计这份工作来说是不是致命的；"你最大的失败是什么"是看什么事情对各位来说意味着失败，你是如何处理这次失败的，你从中学到了什么。

要记住，不论面试官是不是刻意提出这类问题，各位都要考虑好了再回答，因为即便面试官只是单纯问了一个比较有压力的问题，各位的回答也会让对方产生相应的"第一印象"。面试官如果刻意提问，则各位更需要好好思考了，因为对方很可能在等着各位"跳坑"。当然，对于这类容易"踩坑"的问题，各位可以用排除法来思考。各位可以试想一下自己真实的回答是什么，然后站在面试官角度去思考，这个回答能否被接受，如果不可接受，就再次给出选项，再用排除法筛选最佳回答。不同类型问题在后面会做详细分析，故这里点到为止。

3. 反问法

相对于直截了当问法而言，反问法加大了难度。面试官不直接问想问的问题，而是带着一点怀疑的态度来问各位，就想给各位点压力。当然，所谓怀疑态度也好，压力也好，都是非常正常的，这并不代表面试官不信任各位，这只是面试官在看到各位的简历或者表现之后，正常产生的疑问，他希望你各位好好解释，给他一个合理的说法，否则，面试官大可以不问这些有疑虑的问题，直接让各位挂掉面试即可。所以各位不要从心理上排斥反问的问题，面试官问这类问题说明各位的过往经历、背景情况等是有小问题的，不要觉得对方不尊重你，相反，对方其实是在给各位解释的机会。举几个反问的例子：（1）你是学计算机的，为什么不去互联网企业，而要来做审计呢？

（2）我看你有很多银行的实习，为什么不去银行要来审计呢？（3）既然想来做审计，那为什么研究生读市场营销专业呢？仔细对比一下不同题目便不难发现，这类反问明显是带着"敌意"的，面试官把心中的疑惑都放在了题目里，满眼放光地等着各位的合理解释。

回答这类问题的关键是：识别核心问题。很多同学在遇到这类问题时会自乱阵脚，怕自己的背景缺陷被识破，回答问题时语无伦次，导致面试官无法说服自己让你通过。举个例子，"你是学计算机的，为什么不去互联网，而要来做审计呢？"这个问题本质上不是在问：你为什么不去互联网行业呢？互联网行业有哪些是你不喜欢的？各位换位思考一下，现在是一个审计经理/合伙人在面试你，他们好奇的当然不是你为什么不去互联网行业，而是你为什么要选择审计行业，且因为你的背景跟互联网更贴近，为什么不选择大多数该专业学生都会选择的行业，而偏偏选择了看似不搭边的审计。这样分析后便不难看出，这个问题的核心是在问：你为什么选择审计？但为什么面试官不直接问"你为什么要选择审计"，而要这样反问呢？本质上是因为背景的不对应，产生相关的疑惑是非常正常的事情。故针对这类问题，各位可以稍微说明一下审计和互联网行业的区别是什么，然后再进一步解释，为什么你选择审计这份工作。这样的回答是最能够说服人的，各位在面试的时候一定要知道对方是什么岗位的面试官，否则很容易"跳坑"。

4. 开放问法

开放类问题在"四大"面试里不是很常见，但并非完全不可能出现，毕竟这类问题是快消行业和HR们很喜欢问的，"四大"的面试官学习起来也比较方便，且VI面试中大部分问题都属于这一类，故非常重要。在解释开放问法之前想再让各位思考一下之前说到的单面的目的：测试面试者的专业能力、沟通能力、逻辑思维、对岗位/公司的忠诚度、简历的真实性等是否符合岗位要求。实现目的的方法有两种：一是侧面了解，比如通过问过往的学生活动来测试各位的领导能力、团队合作能力；二是直接了解，面试官不想把所有的经历都问一遍，然后再分析各位的领导能力、团队合作能力，各位需要主动销售自己，把自己认为最可以代表相关能力的故事告诉面试官。针对这类问题举几个例子：（1）你能举一个领导力的例子吗？（2）你能举一个克服困难的例子吗？（3）你能举一个团队合作的例子吗？这类问题通常很直接，但又充满不确定性，说它直接是因为对方已经把想要听的都问了，不确定性在于你需要说一个"拿得出手"的例子才可以脱颖而出，是否"拿得出手"还取决于其他竞争对手的情况，是个相对的事情。

在回答这类问题之前，各位需要就该岗位需要的能力筛选出一系列故事，然后再对故事进行润色，让它们更有"听感"。要知道，面试官不止面试你一个人，无聊故事听100遍的话，正常人都听不进去的，所以需要做好故事润色工作，让对方有兴趣听下去。再者，很多时候同样的故事涵盖了不同的能力，做个假设：你在大学期间曾组织过一次大型的学生活动，在活动中你主要负责进度跟进、工作安排等。但活动中出现了一些问题，作为组织者的你及时处理了这些问题，但很不幸的是，活动办得并不算很成功。你虽然很失落，但还是认真做好经验总结，以免下次活动出现同样的问题。回头看看这个奇奇怪怪的假设故事，各位其实可以把它当作领导能力故事、团队合作故事、失败故事等，当有这么一个故事的时候，大多数人是非常开心的，觉得自己可以用一个故事回答很多开放性问题。那么问题就来了，设想一下，面试官如果真的问了关于领导能力、团队合作、失败故事这三个问题，而各位的回答一模一样的话，面试官会怎么想。或者当对方问下一个开放性问题之后，各位回答"这个能力也可以用刚刚那个活动来说明"的话，会给人一种"你好像就这一次经历能拿得出手"的感觉，十分尴尬。所以针对不同类型的开放性问题，各位需要准备不同的故事，从而突出某一方面的能力。至于润色方面，各位可以适当地戏剧化过程和结果。举个简单的例子，在各位组织的所有活动里，并没有任何一场非常成功的话，各位可想想是否需要"润色"一次成功的活动，否则对方会觉得你能力有问题，何必呢？当然，润色归润色，切勿过于夸张，满嘴跑火车，面试官至少是见识更多的人，如果夸大其词，对方是看得出来的，这属于很减分的项。

5. 旁敲侧击问法

旁敲侧击问法其实是面试中非常高级的一种问法，这类问题一般隐藏得很深，往往看似在问某件事，但事实上在问另一件毫不相关的事，让面试者毫不自知地陷入坑里，迷迷糊糊地给出真实但不一定符合岗位需求的回答。当然，"旁敲侧击"这四个字是笔者编的，并非专业叫法，这样做只是为了让各位认识到这类问题的有趣之处。给各位举几个例子：（1）你的朋友是如何评价你的？（2）你有对象吗？（3）你家里人对你找工作是什么看法？（4）你父母是做什么的？（5）你还申请了其他什么工作吗？（6）为了申请这个岗位，你都做了哪些努力？这些问题看似在闲聊，但事实上是在考核各位的岗位匹配度。这些看似闲聊的问题时常让面试者失去防范，掉入坑里。事实上，面试官是不会那么"八卦"的，试想一下，一个专业的面试官怎么会用宝贵的面试时间去试探各位的家底和感情状况呢，他们觉得面试太无聊了，于是问别人的私事吗？绝不是的。

　　来简单解析一下这些问题原本的"长相"是什么。"你的朋友是如何评价你的？"这个问题是在问你的性格、习惯，将它的外壳全部剥离的话，该问题可以被还原成"你有什么优点"和"你有什么缺点"这两个问题的组合，当然，大多数人在回答该问题的时候都不会说自己的缺点，故各位也可以理解成前者。为什么同样的问题会有两种问法呢？因为大多数人在准备面试的时候都会准备"你有什么优点"这个常见的问题，为了告诉对方自己是那个适合的人，候选人会根据岗位的需求来"润色"自己的优点。举个例子，审计是一个需要加班的工作，自然需要候选人有很强的抗压能力。那么候选人在回答这个问题的时候，自然可以把"抗压能力强"作为自己的优点，投其所好，但不一定真实。而"你的朋友是如何评价你的？"这个问题则并非所有人都会准备到，所以当候选人被临时提问的时候，可能没有足够的时间快速想出完美答案。在这种情况下，候选人只能快速想起最近的/印象深刻的朋友评价是什么，再迅速筛选掉明显不利的部分作为回答。没有人会当着面试官说自己的坏话，但留下的"好话"却不一定是适合该岗位的。至于其他常见的"旁敲侧击"问题，后面部分再做详细介绍，这里点到为止。

6. 超级无敌压力问法

　　压力问存在的意义在于：测试面试者的抗压能力或应变能力。这类问题通常不属于常规准备范围之内的，故非常考验候选人的抗压能力。之前提到过的"你有什么缺点"这个问题也可以归为压力类问题，但由于近些年该问题被问到太多次，大多数候选人在面试之前都会有所准备，故该问题失去了"测试抗压能力"的功能，面试官看似给了候选人压力，实际上等来的却是一次又一次的套路。所以当面试官刻意想考验各位的时候，一般情况下是不会问常规压力问题的，或者即便看似在问常规问题，问题的角度也会非常刁钻，以了解各位最真实的情况。对于"四大"来说，这类问题出现的频率不会很高，但对于 HR 面试来说，这类问题被问的频率就高多了。当然，频率低并不代表毫无可能，故各位还是要有所准备。

举几个简单的例子给各位做参考：（1）如果不给你 offer，你会怎么办？（2）你说你在某次学生活动中拉到了 1 万元的赞助，你是怎么拉到的？这个金额比较大哦，对方怎么会答应你呢？（3）如果今天你被淘汰的话，你觉得问题出现在哪里？针对常规部分深挖的问题，各位准备得更加细致一些即可，而针对那些面试前毫无准备的问题，各位可以先思考两到三秒的时间，客观回答即可。因为当对方问"如果不给你 offer，你会怎么办？"这个问题的时候，并非在把各位当作小丑一样当面嘲笑，而是想看看各位是如何应对失败的。而如果对方已经确定了要挂掉各位的面试的话，通常情况下会是比较礼貌的，因为挂掉面试毕竟不是让人开心的事情，对方如果表现得非常不礼貌的话，各位可能会因为这次不愉快的经历而开始讨厌公司，这对于公司口碑来说并不是一件好事，作为公司员工的面试官自然也知道这一点。所以当各位遇到这类问题的时候，切勿立马产生"他不会给我 offer 了，他在暗示我"这样的想法，可以站在第三者的角度思考，这个"疑似失败"的候选人之后应该怎么打算才好。

7. 暗藏玄机的笑面虎问法

与其说"暗藏玄机的笑面虎问法"是一种提问方法，倒不如说是某类性格的人常用的套路，这类人通常看起来是"人畜无害"的，用外界常用的词来形容的话，就是"很 Nice""超 Nice"。很多人在面试完之后会觉得稳了，因为对方看起来太喜欢自己了，没有任何理由挂掉自己，以至于真的挂掉面试之后便开始胡思乱想：是不是简历改得不好看了？是不是有一个问题没有回答好？但始终不会觉得可能自己整场面试都陷入了套路之中。所以笔者认为，面试时给你压力的并不一定是最可怕的人，因为他们至少还会说出自己心中的疑问，而笑面虎是最可怕的，以"老好人"形象示人的他们可能都不会给你解释的机会，而你也很难从他们的言行中看出来自己哪里做得不到位，这是笔者认为他们可怕的地方。这类面试官一般会营造一种"我们就正常沟通吧"的氛围，试图让面试者放松戒备，不要有那么大压力，然后再逐个突击，测试面试者的各项能力。其实从放下压力这个角度来看，该类面试挺好的，但千万别放松戒备，各位很容易陷入圈套。

举几个例子吧，这类面试官通常会问：（1）咱们就是聊聊天啊，你打算做几年审计啊？（2）唉，其实你还可以投其他行业啊，秋招的时候你都投了吗？还是只投了事务所啊？其实如果各位能保持清醒的话，不难分辨出这些问题实际上就是在问职业规划和对于该岗位的忠诚度，但如果掉入"对方在和我聊人生"的陷阱的话，很可能就脱口而出说实话了：打算做两年就走、互联网啊投行啊企业财务啊都投了……看看，是不是掉坑里去了。

9.3 回答方式介绍

上面的提问方法指的是问题被提出的方法，而这部分是教各位怎么回答，切勿弄混了。总的来说，单面的问题有3类：介绍类、故事类、闲聊类。不同问题的回答会有不同的思路，这里先简单介绍一下回答每类问题的思路。

1. 介绍类问题及回答方式

"介绍一下你的专业吧""说一下这门课程学了什么""讲一下你的毕业论文吧""你这个实习都做了什么""你的职业规划是什么""你为什么想做审计"等都属于介绍类问题。它们和故事类问题不一样，因为故事类问题是有情景的，也有很明显的时间性，而介绍类问题则并非如此，它们更多的是要求对相关问题进行解释，不需要那么多戏剧性，只要说清楚即可。但是，要想"说清楚"却并没有那么简单,需要一些前提:(1)你知道具体内容是什么;(2)内容之外,你理解内容的逻辑关系是什么;(3)你能正确表达出来。各位可以简单地代入"老师"和"学生"这两个角色,一个成绩好的学生或许在很多考试中都能取得不错的分数,但并不代表每个成绩很好的学生都可以立马上台当老师,给学生讲课。做老师的前提是:(1)需要知道这门课的内容是什么;(2)知道它们的逻辑,这样才能更好地做分类,理清楚要点;(3)能说清楚自己想要表达的东西。所以,当面试官问介绍类问题的时候,各位需要站在"老师"的角度去思考怎么回答——面试官现在对某个问题十分感兴趣,但不是很懂,所以各位需要给这个"小白"讲明白,它到底是什么。当然,事实上对方的身份是面试官而非学生,学生听不懂的话可能会继续追问,而时间宝贵的面试官则可能会直接认为:你学了几年也不知道自己学的是什么,你没有逻辑,你沟通能力不行。面试官可能三连发子弹一起射出,也可能只射出一发,但无论如何,这都是很可怕的一个事情。但反过来想,正因为这类问题看似简单却很难回答,所以很多人在准备面试的时候会遗漏掉,从而在回答这类问题时表现不佳。但如果各位好好练习,做到逻辑清晰的话,那么这就是一个妥妥的加分项。

那怎么才能回答好这类问题呢?各位需要记住一个关键词:解释。解释的最好模式是"整体介绍+板块介绍+简单例子",其中"整体介绍"的意思是做一个大概的背景说明,让对方有个大概印象,"板块介绍"的意思是对内容进行分类说明,"简单例子"是为了让对方更好地理解具体内容是什么。通常情况下,"板块介绍"和"简单例子"部分是结合在一起来说的,要注意用总分结构及分层结构,否则整个回答会非常混乱,重点也难以突出出来。来举个例子,当面试官问"财务管理课程都学了些什么?"的时候,各位便可以这样回答。

整体介绍:财务管理这门课程主要是站在企业财务经理的角度进行讲解的,主要包含4个方面的内容,分别是:融资活动、投资活动、运营资本管理、风险管理。课程主要是通过课堂讲解以及案例练习的方式进行学习的。

内容介绍及简单例子:(1)融资活动部分,主要是学习了不同类型企业(比如上市公司、创业公司等)适用的融资方式,包括债权融资以及股权融资。比如债权融资部分，我们学习了可转债、永续债等不同的金融产品，也学习了它们的估值方法。（2）投资活动部分，我们主要学习了各种项目评估的方法，如净现值、内含回报率等。比如当我们知道一个项目预期的未来现金流和相应的折现率的时候，便可以通过净现值方法估算出这个项目的盈亏情况，从而作出投资判断。（3）运营资本管理部分，我们主要学习了应收账款、应付账款、存货、库存现金这4个流动资产及流动负债的管理方法。比如存货部分，我们学了如何从成本角度分析最优的存货储备量。（4）风险管理部分，主要学习了如何通过金融工具（期权、期货、套期保值等）以及加强公司内部管理去应对汇率波动风险、利率波动风险。

整合一下，将上面的回答变成叙述版的话，就变成了：（整体介绍）财务管理这门课程主要是站在企业财务经理的角度进行讲解的，主要包含4个方面的内容，分别是：融资活动、投资活动、运营资本管理、风险管理。课程主要是通过课堂讲解以及案例练习的方式进行学习的。（内容介绍及简单例子）至于融资活动部分，主要学习了不同类型企业（比如上市公司、创业公司等）适用的融资方式，包括债权融资以及股权融资。比如债权融资部分，我们学习了可转债、永续债等不同的金融产品，也学习了它们的估值方法。至于投资活动部分，我们主要学习了各种项目评估的方法，如净现值、内含回报率等。比如当我们知道一个项目预期的未来现金流和相应的折现率的时候，便可以通过净现值方法估算出这个项目的盈亏情况，从而作出投资判断。而运营资本管理部分，我们主要学习了应收账款、应付账款、存货、库存现金这4个流动资产及流动负债的管理方法。比如存货部分，我们学了如何从成本角度分析最优的存货储备量。最后是风险管理部分，我们主要学习了如何通过金融工具（期权、期货、套期保值等）以及加强公司内部管理去应对汇率波动风险、利率波动风险。（结束语）以上就是财务管理这门课程主要的内容。

当然，要想在面试中有逻辑地回答问题的话，各位不能只准备文字版本的回答，还需要多加练习，把"写得顺"变成"说得顺"。很多同学看到这里会觉得：这会不会太长了啊，把面试官说烦了。并非如此，各位可以尝试用比较流利的语言去描述上面那段话，其实只需要不到两分钟的时间就可以说完，而这个时间面试官是完全可以接受的。如果各位发现自己无法做到只用两分钟就讲清楚一件事情的话，可以自查一下是否自己有太多的口头禅，或者由于逻辑混乱而重复解释部分内容。

2. 故事类问题及回答方式

开放性问题一般都属于故事类问题，比如"给我讲一个领导团队的例子""给我讲一次失败的经历"等。与介绍类问题不一样的是，故事类问题一般问的是一个完整的事情。举个例子，同样都是学生活动，如果问题是"说一下你在某次活动中都做了什么"，那么这就是个介绍类问题，各位大概说一下背景情况，再分点陈述自己的任务及完成情况即可。而如果问题变成"说一个你印象深刻的活动"，那这就是个故事类问题，各位需要给面试官讲一个完整的故事，且要注意故事的连贯性及逻辑性，分清主次，简要说明为什么这次经历对你来说是一个印象深刻的事情。简单来说，不论是针对实习还是针对活动的问题，"做了什么"的问题都属于介绍类，而"说一个案例"都属于故事类，它并不是一次陈述或汇报，讲明白即可，需要有一定的情景，需要起承转合。

如果在读这本书之前，各位已经有过面试准备的经验了，应该很熟悉这类问题的回答方法——STAR原则。"S"指代的是"Situation"，"T"指代的是"Task"，"A"指代的是"Action"，"R"指代的是"Result"。按照STAR原则，要讲好一个故事，各位需要讲清楚该故事的背景是什么，各位的具体任务是什么，各位的处理方式是什么，最后的结果是什么。用一句话概括：在什么情况下我分到了什么任务，我用了什么方式取得了什么成果。这是最基本的逻辑，可以让面试官很清晰地知道所有重要细节，毕竟面试官并不是各位所有经历的见证者，需要各位耐心地把事情讲明白，才知道具体发生了什么。当然，一个故事精彩与否，还取决于进一步的润色工作。

一步一步来，先体会一下基本逻辑的作用，这里用"说一个你印象深刻的活动"来做例子。如果不按照基本逻辑去说的话，大多数同学在和朋友聊天的时候会说：唉，我跟你讲，上次那个活动真的绝了，我们最开始拿到了一万块的赞助嘛，然后拿这个钱买了很多礼品给观众做奖励，所以当天晚上现场爆满，很多晚来的人都没座位呢。但是还有个小插曲，就那话筒你知道吧，一开始不出声音，贼尴尬，搞得整个活动晚了15分钟才开始，但还好解决了，怎样，是不是很牛啊？

试想一下，如果对方是一个每天和各位待在一起的人，他知道你每天都在做什么、在烦恼些什么的话，那么自然能立马明白这个故事所讲的要点是什么。但如果对方是一个几年不联系的高中同学的话，听完上面那段话可能会有一系列的疑问：（1）上次那个活动，是什么活动？（2）为什么拿到一万元的赞助费就很厉害，你们之前拿到的都没这么多吗？（3）话筒问题是怎么解决的？现场观众的情绪是怎么安抚的？（4）这个活动有那么重要吗？值得你专门来告诉我一下？而面试官就是这个人，他可能刚看了各位的简历，知道各位叫什么，有什么过往经历，但对于各位曾经的故事一无所知，也自然完全不知道刚刚那段话想要描述的是什么。

重新再来，各位把自己当个说书人，加上一些基本逻辑来讲刚刚那个故事。

故事背景：这是一次校级的迎新晚会活动，我作为校学生会外联部成员参与了该活动的组织工作。

任务：我主要的任务一共有3个：（1）活动策划；（2）拉赞助；（3）现场管理工作。

处理方式：（1）活动策划部分，我主要参与了活动时间及时长安排、场地安排、预算安排等工作。对于活动时长、时间、场地等，我们主要是参照往年活动的情况来确定的，至于预算，主要是根据活动的整体规模和效果来安排的，基于各类物料的购买数量及租借费用来算出整场活动需要多少钱，算是给赞助商提供了一个费用标准，也方便之后对接赞助商。（2）寻找赞助商是我参与得最多的任务，包括赞助商选择、前期报告的撰写、实地沟通等工作。我们选择离学校比较近的商家作为赞助商，它们对品牌拓展需求更大，也方便我们后期去做相关的沟通。前期报告主要是活动介绍以及品牌推广分析等，可以让商家看到回报情况。至于实地沟通，主要是与各商家老板进行谈判，最后签订合作合同。（3）在现场管理方面，我主要是做了一些场地搭建以及现场秩序维持工作。

结果：最后我们拉到了一万元的赞助费，吸引了500多人到现场参加晚会，整体来说晚会非常成功。

组合一下：

（故事背景）我想讲一个大学时期组织过的迎新晚会活动，那时候我是外联部的成员之一。（任务）在这个活动中，我负责活动策划、拉赞助、现场管理这3个任务。（处理方式）至于活动策划部分，我主要参与了活动时间及时长安排、场地安排、预算安排等工作。对于活动时长、时间、场地等，主要是参照往年活动的情况来确定的。至于预算，主要是根据活动的整体规模和效果来安排的，基于各类物料的购买数量及租借费用来算出整体活动需要多少钱，算是给赞助商提供了一个费用标准，也方便之后对接赞助商。赞助部分是我参与得最多的任务，包括赞助商选择、前期报告的撰写、实地沟通等工作。我们选择离学校比较近的商家作为赞助商，它们对品牌拓展需求更大，也方便我们后期去做相关的沟通。前期报告主要是活动介绍以及品牌推广分析等，可以让商家看到回报情况。至于实地沟通，主要是与各商家老板进行谈判，最后签订合作合同。在现场管理方面，我主要是做了一些场地搭建以及现场秩序维持工作。（结果）这次活动一共来了500多人，整体来说非常成功，所以我对这次活动的印象很深刻，这就是我想与您分享的经历。

这个故事或许算是清晰的，但不够精彩。站在面试官的角度来看，他可能体会不到这件事对各位的重要性，自然可能会觉得：这没什么大不了，这个人或许没有什么突出的能力，他只是完成了"讲故事"的任务而已，没有任何闪光点能说服我，我没看出这个候选人哪些地方很出众。

所以，我们来换个描述方法，减少无聊部分的占比，让这个"你看来很值得纪念，但实际很平常的故事"变得更加有戏剧性。

首先，保留原故事的所有主线信息，即故事背景、任务、处理方式、结果。各位需要再加两条信息到原故事中：（1）记忆点，加这个信息的意义在于问题中提到了"印象深刻"这一点，那各位在描述的时候就需要强调，为什么这个事情对你来说是印象深刻的，如果问题变成"失败的例子"，则这部分需改成"失败点"，请自行举一反三。（2）小插曲，比如话筒没声音、拉赞助过程中的困难等都可以作为小插曲。优秀的电影一定要充满各种不确定事件才可以吸引人，故事也一样，小插曲会让整个故事更加丰富，也能加深对方的印象。同时，各位要适当减少无聊内容的占比。现在来看看加上了这两条信息之后，同样的故事会变成什么样。

故事背景：这是一次校级的迎新晚会活动，也是我第一次参与组织的大型校级学生活动，我作为校学生会外联部成员参与了该活动的组织工作。

任务：我主要的任务一共有3个，分别是：（1）活动策划；（2）拉赞助；（3）现场管理工作。

处理方式：（1）活动策划部分，我主要参与了活动时间及时长安排、场地安排、预算安排等工作。活动时长、时间、场地等，我们主要参照往年活动的情况确定，至于预算，主要是根据活动的整体规模和效果来安排的，基于各类物料的购买数量及租借费用来算出整体活动需要多少钱，算是给赞助商提供了一个费用标准，也方便之后对接赞助商。（2）赞助部分是我参与得最多的任务，包括赞助商选择、前期报告的撰写、实地沟通等工作。我们选择离学校比较近的商家作为赞助商，它们对品牌拓展需求更大，也方便我们后期去做相关的沟通。前期报告主要是活动介绍以及品牌推广分析等，可以让商家看到回报情况。至于实地沟通，主要是与各商家老板进行谈判，最后签订合作合同。（3）在现场管理方面，我主要做了一些场地搭建以及现场秩序维持工作。

小插曲+处理方式：拉赞助很难，当时大概跑了50个商家，由于很多商家已经和不同的学生组织有过合作，所以有合作意愿的商家不多，这和我开始时的预期是有差距的。但在我的不懈努力下，还是拉到了3个有意向合作的商家，分别是家教公司、餐厅、蛋糕店。但它们都不能给足够的赞助费，并且都希望自己能独家赞助该活动，所以当时有两种处理方式：一是让商家提高赞助金额；二是让这3个商家合作。但第一种方式行不通，因为商家也有自己的预算，而学生活动说实话大同小异，对它们并没有太大吸引力，很难说服对方提高赞助金额，所以我当时用了第二种方式——合作。我先分析了不同商家的业务模式以及目标客户人群，发现家教公司的主要客户是家长和学生，有大量的相关客户资源，而餐厅和蛋糕店主要的客户是住在附近的人、在附近停留的人以及学校学生，所以从目标客户来看，这3个商家的大部分目标客户属于同一个群体，一定层面是可以共享的，且不存在直接的竞争关系。于是，我当时判断这3个商家是完全有可能合作的。比如不同商家可以在自己的店内为其他商家做广告，或者通过其他推广方式实现互利共赢，而这次赞助活动让它们有机会第一次实现合作，以后也可以进一步发展合作关系。所以在后期谈判的时候，我便建议3个商家共同赞助这次活动，最后，3个商家接受了我的建议，同意合作。

记忆点：（1）第一次组织大型学生活动；（2）第一次独立拉赞助；（3）虽然困难重重，但成功拉到最高赞助费；（4）活动空前火爆。总而言之，虽然各种事情都不如预期得那样顺利，但还是通过自己的不懈努力，取得了很好的效果，所以十分珍惜这次经历。

结果：最后我们拉到了一万元的赞助，吸引了500多人到现场参加晚会，整体来说，晚会非常成功。

组合一下：

（故事背景＋点题）我想要讲一个大学时期组织过的迎新晚会活动，这是我第一次参与组织大型校级学生活动，那时候我是外联部的成员之一，做的工作虽然比较基础，但完成过程中还是有很多小插曲，也学到了很多东西，所以对这次活动印象非常深刻。（任务）在这次活动中，我主要负责活动策划、拉赞助、现场管理这3个任务。（简要带过不精彩任务的处理方式）活动策划部分主要是参照往年活动情况，做了活动时间、时长、场地、预算等安排，而现场管理主要是做了一些场地搭建以及现场秩序维持工作。按参与度来说的话，其实我最主要的工作是拉赞助，比如赞助商选择、前期报告的撰写、实地沟通等工作都是我负责完成的。（小插曲＋处理方式）而在做每一项工作之前我都会参考前人的经验，也会自己做一个大概的规划，但在执行任务的过程中，我发现，其实"做好准备"并不代表一切事情就可以顺利进行。比如在拉赞助的时候，我认为学校周边的商家会有大的推广需求，所以应该能拉到不少赞助，但是在跑了大概50个商家之后，我发现很多商家已经和不同的学生组织有过合作了，所以有合作意愿的商家不多，这和我开始时的预期是有差距的。但在我的不懈努力下，还是拉到了3个有意向合作的商家，分别是家教公司、餐厅、蛋糕店。但它们都不能给足够的赞助费，并且都希望自己能独家赞助这次活动，所以当时有两种处理方式：一是让商家提高赞助金额；二是让这3个商家合作。但第一种方式行不通，因为商家有自己的预算，而学生活动说实话大同小异，对商家并没有太大吸引力，很难说服对方提高赞助金额，所以我当时用了第二种方式——合作。我先分析了不同商家的业务模式以及目标客户人群，发现其实家教公司的主要客户是家长和学生，它们有大量的相关客户资源，而餐厅和蛋糕店主要的客户是住在附近的人、在附近停留的人以及学校学生，所以从目标客户来看，这3个商家的大部分目标客户属于同一个群体，一定层面是可以共享的，且不存在直接的竞争关系。于是，我当时判断这3个商家完全有可能合作。比如不同商家可以在自己的店内为其他商家做广告，或者通过其他推广方式实现互利共赢，而这次赞助活动让它们有机会第一次实现合作，以后也可以进一步发展合作关系。所以在后期谈判的时候，我便建议三个商家共同赞助这次活动，最后，3个商家接受了我的建议，同意合作，我也成功拉到了一万元赞助费。（简要带过结果）其实一万元可能从公司角度来看并不多，但对于学生活动来说已经算是很大的数额了，也是近3年来类似活动中拉到的最高赞助费，它不仅解决了我们所有物料的开支需求，还有很大一笔剩余，这些钱最后用于采购活动奖品，其实也是因为奖品丰富的原因，很多学生都愿意参与到这次晚会中来。（结果）我们这次活动算是很成功的，现场来了500多人，而且整个晚会学生参与度非常高，给新生留下了比较好的印象。（记忆点）所以整体来说，我对这次活动的印象非常深刻，其一是因为这是我参与组织的第一场活动，让我深刻地认识到计划赶不上变化这个道理，其二是因为我独立负责拉赞助的任务，也成功拉到了近几年最高的赞助费，所以还是很有成就感的。这也是我为什么想要把这个经历分享给您的原因。

可能很多同学会觉得焦虑，毕竟不是所有故事都充满戏剧性，也不是每个故事都异常精彩，这种时候各位千万不要慌张，因为戏剧性是可以人为描绘的，只要适度即可。

3.闲聊类问题及回答方式

闲聊类问题一般出现在整个面试的后期，是在面试官了解候选人各方面情况之后才会开启的模式，比如"你父母是做什么的""你是哪里人"等等，不论这类问题是否有更深层次的意义，都归属于"闲聊类"。针对这类问题，各位按字面意思回答即可，不必分点陈述。比如"你是哪里人"这个问题，各位可直接简单回答"我是××人，但我从小在××长大"。这看起来毫无难度，但为什么要专门提一下呢？本质上是因为很多同学在准备面试的时候有点过于依赖方法论，但面试是一个沟通过程，如果每类问题都生搬硬套地回答的话，会显得非常尴尬而不真实，毕竟日常交流中，并非每一次沟通都必须像写论文那样严谨，故这里单独提一下，希望各位注意。

9.4 故事线与筹码分析

好了，现在各位已经知道了问题的各种阴阳怪气的问法，以及不同问题的回答方式了，接下来的内容需要各位在正式准备面试之前再认真思考一下。整体逻辑其实在求职规划、简历部分有过相关介绍，逻辑是相通的，相同的任务需要各位在面试阶段再完成一次，才能真正做到"知己知彼，百战百胜"，充分发挥自己的优势，尽力规避自己的劣势。请各位认真思考以下几个问题，在考虑成熟之前，切勿直接准备后面的各种单面问题。

1. 你是什么时候想来做审计的？为什么会有这样的想法？

最好说出真实的想法，但如果各位真实的想法是：压根儿没有想来做审计，前段时间看了一个宣讲会后随便投了简历，另外，做审计更容易跳槽。各位还是适当润色一下自己的回答吧，否则太雷人了。对这个问题各位最好想清楚自己为什么想做审计，审计有什么真正吸引自己的地方。比如某同学在寒假时候做了一个审计的实习，实习过程中觉得这份工作十分有趣且自己很喜欢，所以产生了以后做审计的想法。或者说某位财务专业的学生在学习审计课程的时候发现，审计是一份非常有逻辑、有意义、有趣的工作，自此便产生了日后要做一名审计人员的想法。各位根据自己的实际情况说出原因即可，这部分不再多提。

2. 从该想法产生到求职这段时间，你做了哪些努力去提升自己？

回答这个问题，各位最好说明自己在与审计相关的能力上有哪些提升，做审计需要团队协作、领导力、沟通能力、专业能力、英语能力、抗压能力、学习能力等，那在"产生要做审计的想法"后，各位尝试做了哪些事情让自己更加匹配这份工作？比如尝试考取会计证书来提高自己的专业水平，参加各类英语考试来提高自己的英语水平，参与相关实习来丰富自己的实践能力与专业知识储备，参与学生活动来提高自己的领导力、团队协作意识以及沟通能力，等等，这些都可以作为"你努力过"的证据。当然，在简历部分曾提到过，所谓的能力是有层级区分的，雨露均沾是最好的，但如果做不到的话，最好参考各类能力的优先级水平。

3. 你认为审计这份工作是什么样子的？审计的逻辑你了解吗？

第一个问题的回答最好包括两部分内容：一是对所学课程的一般简介；二是你对这份工作的认识：你认为审计到底是做什么，对于一份自己那么想从事的工作，你是否知道它的工作性质、工作环境。毕竟教材上的简介是非常书面的、格式化的东西，只有真正理解审计工作的本质，你才能说自己是想清楚了、了解清楚了才想做审计的。

4. 看看所有的经历（包括学校、专业、证书、实习、活动、项目），每个经历可以作为哪些能力的证据？

这个问题各位比较客观地去分析即可，拿出自己的简历，对教育背景、实习经历、学生活动、项目、其他信息等逐一进行分析，看看每个经历都代表着什么。比如高绩点、好学校代表各位的学习能力很强，相关的实习经历代表各位有一定的专业知识储备，较好的专业英语成绩代表各位的英语水平较高。当然，要针对不同的岗位来进行分析，从而确定有哪些筹码是拿得出手的，这有利于各位在面试中更好地推销自己。

5. 你的劣势是什么？有哪些其他候选人有的筹码，你却没有？为什么别人有而你没有？

有了上面的分析之后，各位应该不难发现自己的劣势所在，而细心的面试官也会发现你的劣势。如果在自我检查中发现了劣势，各位有两个选择：（1）是否可以抹掉这个劣势？或者能否在有限的时间内弥补这个劣势？（2）如果知道面试官会提出相关的质疑，提前想好一个无法被否定的借口。比如很多人都有审计相关的实习，你却没有，虽说审计实习并不是审计求职的必备项，但人人都有而自己没有的话，会让自己处于明显的劣势。这时候各位就可以思考一下，你是否可以在有限的时间内去补一个审计实习，如果不行的话，是否有无法被否定的借口，比如，你一直在国外学习，无法拥有与国内同步的假期，而审计实习大多数都在年初时候，年初时候你在上课，所以很难有一次这样的机会。其他同理，但如果各位的劣势实在太多，每一个都用无限的借口去解释的话，那么这招就不管用了。

6. 你最大的优势是什么？这些优势如何与审计工作匹配？

这个问题要结合前面第 4 个问题与第 5 个问题来思考，笔者相信不是所有人每一次经历、每一种能力都具备，所以当各位综合分析完自己的过往经历、了解自己的劣势之后，可以再次结合审计岗位的要求看一下，有哪些筹码是你可以打出去的。比如你的英语可能不是很好，但你有相关的资格证书，且学习成绩很好，那么在整场面试中，各位可以找机会突出自己这两方面的优势，从而给对方一个"我专业强、我学习能力强，所以虽然我英语一般，但我能胜任这份工作"的人设，如若对方并没有察觉你的英语能力一般的话，则效果更好。

9.5 常见问题及回答（有果六大问）

对"四大"来说，单面环节往往绕不过六大类问题：自我介绍、忠诚度测试、简历内容、个人故事、情景问题、反问环节。下面将从整体面试逻辑出发，讲解单面中可能遇到的各类经典问题，包含问题内容、类别、问法、问题分析、回答技巧等，对于较为重点的问题，会给各位提供一些模板。好了，现在开始，老老实实地准备吧，记住不要背答案，免得撞衫。

1. 第一类问题：自我介绍

通常情况下，自我介绍是单面中的开场白，虽说面试官手里有各位的简历，但毕竟简历只是文字版的描述，不如语言描述那样生动且有逻辑。再者，任何一个想好好面试的人都要准备自我介绍部分，故面试官也可以通过这一"早准备好的部分"来考察候选人的沟通能力，用粗糙一点的话来形容，准备好了的东西你都说不顺，那你的沟通能力应该不是很好，或者说你的抗压能力不是很强。在单面的环境里，各位可能遇到的自我介绍方式有两种，一种是中规中矩型，另一种是出其不意型。前者出现的概率远大于后者，对于第一种自我介绍，各位把过往经历有逻辑地描述一遍即可，对于后一种自我介绍来说，各位不能提简历里面的内容，而要随机发挥，说一些有用的、让面试官印象深刻的自选内容，难度增加。当然，各位无须苦恼自己将会遇到哪一种自我介绍，在面试之前准备好两版回答即可，到时候对方怎么问，各位怎么答就可以。

问题1 请做一个简单的自我介绍吧。

问题类别：介绍类
问法：直截了当问法

问题分析

自我介绍就像产品介绍一样，它的本质作用是让面试官对各位有一个初步的了解。所以，对于面试官来说，他最想听到的是：（1）候选人的基本情况；（2）可以被继续深挖的点；（3）让人产生记忆的点。同时，面试官可以通过自我介绍初步判断各位的沟通能力与逻辑思维，当然，如果各位被要求用英文做自我介绍的话，则英语能力也变成了考核内容之一。

回答技巧

单面中的自我介绍一般用 2—3 分钟的时间即可，当然这有个前提，各位不要说得太磕磕巴巴，导致时间被拖长。在传统的自我介绍里，各位中规中矩地逐一介绍自己的姓名、学校情况、资格证书情况、实习经历及简要说明、学生活动/项目情况及简要说明、其他简单的个人情况即可。其中，对于审计工作而言，学生活动和项目经历部分可以适当说得少一些，当然，如果各位什么实习都没有的话，那只能用其他部分去"销售"了，这一点和简历编制的逻辑是一样的。换个方式来看的话，这个过程就像用口头描述的方式去"讲"自己的简历，但绝不是"背诵"简历内容。当然，在自我介绍这样的开场关键环节，各位要适当学会销售自己的闪光点，何为闪光点？请参照前面提过的四大审计所看重的经历、能力、经验等，以及它们的重要性排序。当然，所谓"销售自己的闪光点"，绝不仅限于内容，还需要各位注意"销售"时候的态度，一定层面上态度也代表了各位对某份工作的渴望，这对之后的忠诚度测试有帮助。

参考模板

姓名

面试官您好，首先非常感谢××审计给我这次面试机会。我叫"有果求职"，"果"是"果实"的"果"，代表着"丰收"的意思。

学校情况

我目前在攻读 ABC 大学的硕士学位，专业是会计，本科毕业于 BCD 大学的财务管理专业。在读书期间我曾多次获得过各类奖项，其中包括 3 次校级一等奖学金、会计案例大赛一等奖等，并且，在本科和研究生期间，我的成绩均排在全班前 10%。

资格证书情况

另外，我也参加了 ACCA 和 CPA 考试，目前已经通过了 ACCA 13 门全球统考，是 ACCA 准会员，至于 CPA，目前我已经通过了会计、财务管理以及税法这 3 门考试,今年的考试打算报考 3 门。

实习经历及简要说明

我曾经有过 3 段实习经历,分别是:A 公司审计实习、B 公司财务实习以及 C 公司大堂实习。2017 年暑假,我曾在 A 公司做过两个月的审计助理,参与了一个国有银行的期中审计项目,主要是负责一些费用类科目的审计工作。去年寒假的时候,在 B 公司做了三个月的财务助理,主要辅助财务部门处理一些记账及报销类工作。在大二时,我曾在 C 银行做过三个月的银行大堂经理,主要负责客户接待和咨询服务。

项目情况及简要说明(如果在各位的简历里,项目经历并没有被展开来写的话,则该部分可以全部省去)

为了进一步丰富自己的实践知识,在大学期间我参与过多个与审计、财务相关的研究项目,分别是:A 公司财务报表分析项目、审计行业现状及问题分析项目。在 A 公司财务报表分析项目中,我主要负责各类财务指标的计算以及形成原因分析。在审计行业现状及问题分析项目中,我主要负责国内外文献收集、分析以及报告编写工作。

学生活动及简要说明

除了学习、实践外,我参加了很多校内的社团组织。我曾担任 A 社团的团长、学生会文艺部部长、班长等职位,参与组织过数十场学生活动,曾带领班级获得"荣誉班级"称号。

其他简单的个人情况

日常生活中,我是一个乐观、合群并且善于与人沟通的人,我学了 8 年钢琴,平时喜欢旅游、读书、画画等。以上是我的自我介绍,谢谢!

问题 2 | 做个简单的自我介绍吧,就别说简历中的东西了。

问题类别:介绍类

问法:直截了当问法

问题分析

面试官这么问的根本原因是:他提前认真看过各位的简历了。要知道,很多面试官在拿到简历的时候，只会大概浏览一下各种抬头，而不会对里面的信息做更深入的分析，因为在他看来，这些内容可以在之后问，没必要一开始就搞得那么麻烦。所以，当一个面试官认认真真"研读"了各位的简历，还坚持让你做自我介绍的时候，他可能不想再浪费3分钟的时间听各位把"已有"信息再重复一遍，而希望各位来个让人印象深刻的开场白，主动销售自己。当然，这种情况并不多，但并非没有出现过，所以各位还是要认真准备。下面就是面试官想听到的介绍：（1）候选人的基本情况；（2）可以被继续深挖的点；（3）让人产生记忆的点。如果面试官已经非常"好心"地研读了各位的情况，并且也想好了之后面试要深挖的点，那么，各位想同时满足"别说简历里的东西"及"说面试官想听到的东西"这两个条件的话，就只能更多地去谈自己的经历、性格以及与岗位的"爱恨情仇"了。

回答技巧

这类自我介绍的时间也是2—3分钟，前面提到过的前提条件依然适用，只是在这种模式下，各位不可以继续"讲"简历，否则太过叛逆，面试官会觉得匪夷所思，甚至可能会让各位重新来一遍"正确的"自我介绍。所以，在这类自我介绍里，各位需要着重说明：（1）非常基本的个人信息；（2）个人性格描述；（3）岗位匹配度。在第一部分，各位可以简单说一下自己姓名的来源，让面试官对各位的名字有更深刻的印象，至于学校、专业等，不必浪费时间多提，毕竟对方"早就知道了"。对于第二部分，各位可以适当用几个词语来形容自己的性格，从而让对方更了解你，看到脱离了简历的你是个什么类型的人。当然，这部分要说的性格一定是真实且贴近岗位的。"真实"的意思是，不要让对方一眼看出你在撒谎，比如你紧张得连自我介绍都没有说顺畅，还非要磕磕巴巴地说"我，我，我，我是，是个非常好的沟通者"，你让面试官怎么相信你呢？"贴近岗位"的意思是，各位最好说一些申请的岗位需要的人设，这取决于岗位需求，如果各位说一堆跟岗位无关的话，那就无法在性格描述部分为自己赚更多分数了。最后这部分看似和自我介绍无关，但需要提及，原因是如果各位只说前面两部分的话，那整个自我介绍会让人觉得有点空，缺少了"销售"自己的成分，对方会认为你没有足够的热情。

参考模板

非常基本的个人信息

面试官您好，首先非常感谢××审计给我这次面试机会。我叫"有果求职"，"果"是"果实"的"果"，代表着"丰收"的意思。接下来，我主要从个人性格和岗位匹配度这两个方面做一下阐述。

个人性格描述

对于性格，我想用"学霸""乐观""团结"这三个词来形容自己。"学霸"指的是，不论在学习、生活还是工作当中，我都是一个非常认真且努力的人。举个例子，我曾经为了减肥，整整两个月不吃高油高盐食物，并坚持每天锻炼，在两个月内减重30斤。另外，对健身之外的其他事情，我也能保持"一旦开始，就一定要坚持下去"的习惯。而"乐观"指的是，我不是一个会因为暂时的失败与困难就轻言放弃的人。举个例子，大学时期我曾尝试考ACCA，但一开始的时候不是很熟悉这个考试的要点，所以第一门考试惨遭挂科，不过我并没有因为首次考试失败而一蹶不振，而是认真分析没通过的原因，改变自己的学习方法，最终在大学毕业之前考完了所有的科目，成为ACCA的准会员。"团结"指的是，在各类小组活动中，我是一个非常有团队合作精神的人，并且坚信团队合作的力量，我认为团队合作不仅意味着"完成个人任务"，还意味着"整体思维"，团队可以完成单个人无法完成的工作。我认为不管是在生活还是工作中，这一点是十分重要的。

岗位匹配度

审计对于整个经济活动来说是必不可少的，我非常喜欢审计这份工作，也很喜欢审计的团队工作环境与健全的培训体系。整体来说，我认为自己是可以胜任且十分适合这份工作的。专业方面，您可以看到我有5年的会计学习经历，并且通过了ACCA全科考试与部分CPA考试，目前正在准备剩下的CPA考试，所以在专业方面，我认为自己是可以胜任这份工作的。而其他方面，您可以看到我在学生期间参加过大量的学生活动与实习工作，通过这些活动，我大大提升了自己的抗压能力、学习能力、团队协作能力以及沟通能力，我相信这些能力对于审计工作而言也是适用的。

以上是我的自我介绍，谢谢！

2. 第二类问题：忠诚度测试

忠诚度测试几乎是所有单面中一定会有的问题，这类问题常被称作"3 WHY"类问题，但传统的"3 WHY"其实还不够完整，故这部分会详细介绍，企业为了测试候选人对岗位/公司的忠诚度，会问哪些问题。一般来说，这类问题会以下列方式呈现：你是不是真的很想来？你有多想来？假如各位是面试官，遇到一个背景很优秀且与岗位十分匹配的人，但这个人告诉你：我已经拿到了满意的offer，所以今天来只是想体验一下你们公司的面试风格。这种情况下，各位会让这个人通过吗？答案当然是"不会"。所以，一般情况下，这类问题都出现在面试前期：我先看看你是不是真的很想来，如果发现其实你没有那么想来的话，也就没有继续面试其他问题的必要了。这和相亲的逻辑是一样的，你需要先确定对方的结婚意愿，再做进一步的了解，否则就没有必要浪费彼此的时间。好了，接下来继续讲讲忠诚度测试的各种题型与应对技巧。

问题1 | 为什么想来做审计？

　　问题类别：介绍类
　　问法：直截了当问法

问题分析

很多同学会"误会"这个面试必问问题，且非常"自恋地"认为，对方是在问：我们有什么吸引你的地方。但要记得，除非各位的背景非常匹配这个岗位，也就是说，你就是他们要找的那个人，若非如此，各位一定不要太"自恋"了，这不是一个"回应表白"的过程，而是一个"相亲"的过程。对于前者，各位可以"任性"地撒娇：人家就是喜欢你嘛，你哪里都好。对于后者，各位需要理性中带点感性，让对方了解你的心路历程和态度。你需要告诉对方：我知道你需要的是什么，你要的我都有。好了，一盆冷水过后，各位需要知道，"为什么想来做审计？"这个问题不是问各位到底喜欢审计哪些方面，而是在问：我们为什么要选择你？求职本身就是个互相选择的过程。选择审计肯定是因为审计这个工作本身有吸引各位的地方，同时，各位的性格和能力也要与之匹配才行，不然就只是单方面的喜欢罢了。如果奔着拿 offer 去的话，各位当然要选择"门当户对"的那个工作才行，不然和"做白日梦"有什么区别呢？

回答技巧

时间控制在 2 分钟左右，回答这类问题的关键点是：我能做、我适合做、我喜欢。通俗点来说就是：我认为自己的能力是可以胜任这份工作的，并且从性格方面来讲，我也十分适合这份工作，最后，我也很喜欢这份工作，所以这就是我选择审计的原因。这像极了两个成熟的人参加相亲活动，而非校园里只谈"喜欢"的学生，两者其实都没有问题，只是求职是个从学生身份转变为社会身份的重要过程，既然都要走上社会了，以前那一套就不再适用了。当然，要完整回答这个问题的话，各位不能只复述上面那句话，口说无凭，各位还需要在每个部分加上相关的证据，从而让面试官相信各位是有能力、适合且喜欢审计工作的。当然，既然是"相亲"，面试官肯定会约见很多"前来相亲的人"，如果各位想脱颖而出的话，则需要拿出更有说服力的例子，告诉对方：我更能做、我更适合做、我更喜欢。至于能力与适合这两部分要说什么，在简历修改和职业规划部分已经说过很多次了，这里就不再多提。

参考模板

简要引入

其实我是在大二的一场宣讲会中了解到审计这份工作的，加上后期的一些相关学习，我发现审计是一份非常有逻辑、专业性强且可以不断学习的工作，所以就坚定了想做审计的决心。我想从三个方面说明为什么想从事这份工作。

我能做

首先，我认为自己是能够胜任这份工作的。从专业角度来讲，您可以看到我曾经有 5 年的会计学习经验，并且学生期间的成绩一直保持全班前 10%，考取了 ACCA 资格证书，过了 CPA 的会计、审计、财务管理这 3 门考试，目前正在准备剩余的 CPA 科目。另外，我曾在甲方财务与事务所审计部门有过相关的实习，所以从知识储备方面来看，我认为自己是可以胜任审计工作的。

我适合

再者，从性格方面来看，我认为自己是很适合审计工作的。我是一个有很强的抗压能力与团队协作能力的人。您可以看到，在本科和研究生期间，我参加了多个学生组织，并且在不同的公司有过实习经历，在这些组织和岗位中，我的工作都是以团队为单位完成的，所以我了解团队协作的重要性，也知道如何与不同风格的团队协作。同时，您也可以看到，除了学生活动、资格证书与实习之外，我在大学期间一直保持很好的学习成绩，在工作与学习的平衡中，我充分锻炼了自己的抗压能力与时间管理能力。我了解到审计是以团队和项目为中心且存在忙季的一份工作，所以我认为自己是可以适应这份工作的。

我喜欢

最后，正如开始提到的，我认为审计是一份需要不断学习且非常专业的工作，在不同的阶段会有不同的挑战，所以作为从业者来说，也会不断成长，这正是我喜欢审计这份工作的原因。以上这三点就是我为什么想做审计的原因。

| 问题1变形 | 我看你都没什么相关实习啊，那为什么想做审计工作呢？|

问题类别：介绍类

问法：直截了当问法升级版

问题分析与回答技巧

很多同学在听到这个问题的时候就懵了，觉得糟了，他果然开始计较我没有实习这件事情了。于是硬着头皮说：但是我了解过审计的工作环境，知道自己是很适合这份工作的,我也很喜欢。这毫无说服力,且面试官会认为你都没有体验过,就说得好像很熟悉很喜欢的样子,像极了油嘴滑舌的人。

的确,没有相关实习是一个劣势,但既然都来到面试环节了,各位就要提前想好如何应对自己的劣势,而不是临场再想办法。要记得,不论题型怎么变,本质上都是在问你为什么想做审计,当然,与原题不同的是,这道题加了一个困难条件,但核心问题没变。所以各位不要认为面试官是想了解"你为什么没有实习"这件事情,对方是想了解你的心路历程,且带着一丝疑虑:你既然想做审计,那么一定知道实习的重要性,也一定会去找相关的实习机会,但你现在没有,所以我有点怀疑你是不是真的很想来。并且,各位需要知道,没有实习就是一个劣势,与其强词夺理把"没有实习"这个事情说成对的,倒不如认怂,想一个可以被接受的理由,后者至少显得真诚。

所以,在回答这类问题的时候,各位只需要稍微调整一下内容结构就好了:先回应质疑,再回答"为什么想做审计"这个问题。当然,如果各位是在"你为什么想做审计?"后再被问到"那你为什么没有相关实习呢?"的话,只要直接回应质疑即可,再重复一次"我能做、我适合、我喜欢"的话就太啰唆了。

问题1 变形 | 你是学计算机的,为什么不去互联网行业工作,而想来做审计呢?/ 如果互联网企业和审计事务所都给你 offer,你会选择哪一个?

问题类别:介绍类
问法:反问法

问题分析与回答技巧

同理,很多同学会误以为这个问题是在问:你为什么不去互联网行业?于是开始各种"数落"互联网行业的不好,或者说自己不适合互联网行业。试想一下,如果一个候选人回答:因为互联网行业的工作太累了,已经到了损害身体健康的程度了,所以我认为这个行业不适合我。这时候面试官会怎么想？他会想：但是审计也很累啊，只是你现在不知道罢了，等到时候你来了也会想走吧，小朋友还是太年轻。发现了吗？把自己放在"不适合某行业/岗位"的处境是个非常危险的事情，因为很多岗位的用人需求是相通的，各位不可以让面试官对自己的某种通用能力产生怀疑（比如沟通能力、抗压能力、学习能力等），不然就很危险。

所以，就这个问题来说，各位只需要调整一下内容结构就好，即先说审计独特的吸引力，再回答"你为什么想做审计"这个问题。当然，如果各位是在"你为什么想做审计？"后再被问到"那你为什么不去互联网行业呢？"这个问题，直接回答审计独特的吸引力即可，再重复一次"我能做、我适合、我喜欢"的话就太啰唆了。

问题 1 变形 | **你为了拿到审计工作，都做了哪些努力？**

问题类别：介绍类

问法：超级无敌压力问法

问题分析与回答技巧

为什么这道题是个超级无敌压力问法呢？本质原因在于：对比、主动销售。思考一下，如果各位对审计没有付出什么，一旦被问到这样的问题的话，心里一定是慌的。这像极了情侣之间最后的考问：你天天说爱我，但你为我做了什么呢？各位强词夺理说：我每天都给你送橘子吃啊。如果对方是个吃橘子过敏且只爱吃草莓的人的话，他很有可能会回应：我根本就不爱吃橘子，你根本就不懂我想要的是什么，你根本不爱我。此时此刻，如果对方有更"贴心"且"愿意付出"的人选的话，估计也就没你什么事了。

所以，要回答好这个问题，各位需要"对症下药"，把审计岗位需要的能力与自己付出努力的相关证据结合起来，才可以成功说服对方：我是很想来的，并且不只是说说而已，我也是付出了努力的。对这个问题，各位只需要重新梳理一下"你为什么想做审计"这个问题的答案，便可给出令面试官满意的回答。

> **问题 1 变形** | 你还投了别家的职位吗？/ 你都拿了哪些 offer？

　　问题类别：闲聊类
　　问法：旁敲侧击问法

问题分析与回答技巧

　　这个问题看似和"你为什么想做审计？"没有关系，但实际上关系很大。因为面试官完全可以通过这个问题来测试：你是否对审计是专一的。但各位不能太过油嘴滑舌地说：整个求职季只投了审计，而且还只投了你们公司。这太夸张了，对方要么不信，要么觉得你太过偏执，不至于这样。还拿恋爱当个例子吧，如果各位的对象问你：跟我在一起之前你追过多少人啊？然后你回答：可多了去了，广撒网才可以增大恋爱可能性嘛。那对方会瞬间黑脸，觉得你是个不能要的"海王"。

　　所以，对于这类问题，各位需要做到真诚且不花心才是。举个例子，会计背景学生的求职方向往往是企业财务和审计，那么对于这类学生来说，招聘季投递这两个方向的岗位是非常正常且合理的。但是如果这个学生又投递了很多银行、企业管培、市场营销、咨询、互联网运营、互联网产品等岗位的话，说明这个学生没有那么想从事财会、审计行业的工作，对于财会、审计的忠诚度并没有那么高。所以这个时候完全无须让对方知道自己是个"海王"，只需要让对方知道自己还是专注于财会、审计行业的，但为了提高求职成功率，所以还投递了一些企业的相关岗位就好。

> **问题 1 变形** | 如果你没有拿到 offer 的话，你会怎么办？

　　问题类别：闲聊类
　　问法：超级无敌压力问法

问题分析与回答技巧

　　这个问题本质上来说是加强难度版本的"你为什么想做审计"，整体感觉就像是：唉，你那么想做审计的一个人，如果短期拿不到 offer 的话，你是怎么打算的呢？像不像对象在问：如果我这个时候不跟你在一起，且半年内不会再给你表白机会了。你打算怎么做呢?如果各位回答:那我就去找别人呗。这时候对象就会说:好啊,你果然没那么喜欢我,我只是暂时不接受你罢了,你就马上找别人,算了算了,散了吧。所以在这种情况下,各位正确的回答应该是:你现在不打算跟我在一起一定有你的原因,可能是在某些方面我做得不够好,达不到你的要求,所以我会好好分析自己到底哪里做得不好,然后好好改、好好提高自己,希望在我变好之后还有机会和你在一起。

体会到这种感觉了吗?各位被问到这个问题的时候完全无须惊慌,认为对方是在委婉地告诉你:我不打算给你 offer 了。并非如此,因为真的不打算给的话,对方没有必要当场告诉你,这只是个套路测试罢了,各位别"正中圈套"就好。

问题 1 变形 | 审计很辛苦的哦,你做好准备了吗?

问题类别:闲聊类

问法:超级无敌压力问法

问题分析与回答技巧

本质上来说,这个问题就想再看看各位是否真的想清楚了再来的。这时候各位不要直接回答:不辛苦,不累,我可以,我能行,我都愿意。这样太过幼稚了,对方反而会认为各位没有想清楚就随意决定自己的职业。所以回答这个问题,各位需要表示:(1)我是知道这个事情的;(2)我想好了应对方式。

问题 2 | 你对审计的理解是什么?

问题类别:介绍类

问法:直截了当问法

问题分析

"你都不了解我,就说喜欢我啊,这不太好吧?"这句话可以完美地诠释该问题的本质,这个问题本身不强求各位对审计有多么深刻的理解,因为即便是科班出身，各位也只不过是"初学者"罢了，行业层面的经验需要时间去积累。所以各位不必那么强求自己有多"懂"，但是，为了表现出诚意，各位还是需要主动思考的。

回答技巧

针对这个问题，各位可以从两个方面来讲自己对审计的理解：（1）宏观层面的理解；（2）对工作本身的理解。宏观层面可以理解为，一个经济体系/行业/公司为什么需要审计，即这个行业的从业者们到底为了什么而工作。对工作本身的理解可以从审计工作的相关方法、工作方式、工作环境等方面来说。简单来说，即我知道审计工作存在的原因，也知道你们是如何运行的，我是在了解了这些信息之后，才决定要加入进来的。

参考模板

简要引入

我想从两个方面分享一下自己对审计的理解，其一是宏观层面的理解，其二是对这份工作本身的理解。

宏观层面的理解

从宏观层面来说，我认为审计在经济体系中扮演着"检察官"的角色，上市公司以及即将上市的公司都需要第三方独立审计机构出具相关审计意见，保证财务报表的真实公允，从而保证财务信息使用者的权益。

对工作本身的理解

至于工作方面，我了解到××审计部门的主要业务为：IPO审计、企业年度报表审计等。从工作内容来讲，以年审为例，整个审计项目分为预审和年审两个阶段，在不同的阶段会执行不同的审计任务，比如了解被审计单位环境、内控测试、实质性程序、分析性程序、报告编制等。从方法上来说，不同类型的企业、不同的科目有不一样的审计重点与审计方法，但本质上都是为了保证财务信息的真实公允。从工作性质来说，审计是一个以团队和项目为单位的工作，有淡季与忙季之分，且忙季时候可能需要经常出差。以上就是我对审计的理解，谢谢。

问题3 为什么想要选择安永/德勤/毕马威/普华永道?

问题类别：介绍类

问法：直截了当问法

问题分析

这个问题本身完全不难，并且，按以前的经验来看，它在"四大"的面试中不是经常出现，只有中规中矩且完全按流程来的面试官才会问这类问题。当然，还有一种情况是：面试官对你不感兴趣/已经很满意了，于是就随便问几个问题来敷衍罢了。

回答技巧

这类问题可以说的东西有很多，比如，特别的关系、实习经历、企业文化、业务能力、企业发展、企业社会责任等。当然，回答时并不要求各位把所有信息都包含进去，只需要根据以上提到的点思考一下自己选择的原因，点到即可。

参考模板

是这样的，我有一个关系很好的学姐在××审计部门工作，一直以来，她给我的感觉都是非常专业和严谨的，所以我一直对××有很好的印象。至于选择××，原因有两点：其一是××的审计业务在行业内是处于领先水平的，我相信在加入××之后，自己的专业水平和工作能力可以得到极大的提高；其二是我了解到××一直都在强调数字化变革，我认为未来审计的发展与数字化发展是同步进行的，××如果可以在这一领域做到领先的话，也就占据了先机，所以我个人十分看好××审计的未来发展，也很希望能加入××工作。以上就是我选择××的原因。

问题3 变形 你之前是在毕马威实习的，为什么不留在毕马威，而是来普华永道?

问题类别：介绍类

问法：反问法

问题分析与回答技巧

与之前的逻辑相同，这个问题本质上是在问各位"你为什么选择普华永道"，而非"你为什么不选择毕马威"。并且，要记得这个问题的前提条件：你在毕马威实习过，但现在进行的是普华永道的面试。所以，针对这种情况，各位不要去讲企业文化、实习经历等，这样会比较空。对于这类问题，各位可以从业务能力、企业发展、特别的关系、企业社会责任等方面来回答。比如针对"从毕马威到普华永道"这种选择，各位可以从"想做审计，所以想去更优秀的平台"这方面来回答。但如果选择从业务能力较强的公司到业务能力较弱的公司的话，那各位只能从"更欣赏该公司的企业社会责任、更看好该公司未来发展"方面来回答了。最后再啰唆一句，千万不要在这种问题上跳坑，顺着话题说一些毕马威做得不好的地方，因为"四大"的"长相"还是很相似的，各位怎么知道其他家没有一样的问题呢？

问题3 变形 | **"四大"都投了吧？目前都到哪个阶段了啊？**

问题类别：闲聊类

问法：旁敲侧击问法

问题分析与回答技巧

不得不承认的一点是，很多时候面试官是不太会在意"你为什么选择我们公司"这个问题的答案的，他们只需要知道你的态度就好，即我知道可能"四大"对你来说都一样，所以我现在很好奇其他公司给你 offer 了吗。你接了吗。如果接了的话那有可能你就不会来我们这里了，因为我们的 offer 还要等上一段时间呢，那时候你三方文件都已经给出去了吧，算了算了，别折腾了，就去他们家吧，反正都差不多。所以，即便各位已经拿到了某家的 offer，也最好不要让对方知道，虽说不是所有面试官都介意这件事情，但以防万一，还是不要去冒这个风险好了。各位可以告诉面试官，其他公司都还在面试/笔试过程中，还在等下一步的通知。当然，如果各位正处于非常"悲惨"的"零回应"境地的话,也不要告诉面试官:现在只有你们一家给我面试机会。不然对方会认为其他家都看不上你,你的背景在今年的求职季来说,可能是个很普通的水平。除非,这家公司面试得非常早,早到其他家都还没有开启筛选阶段,这样的话,各位如实回答即可。

问题 4 | 你是本地人吗?为什么想来上海工作?

问题类别: 介绍类

问法: 直截了当问法

问题分析

这个问题对于非当地"原住民"的各位来说非常重要,因为人生在世肯定不止工作这一件事情,还有生活部分。而通常来说,非本地人如果想长久地在一个城市生活的话,肯定会面临买房、租房等问题,有很多人会因为高房价、异地工作太孤单等原因而选择回到老家生活。从求职者的角度来说,就是换个城市罢了,而对于企业来讲,意味着这个人会因为地理问题而离职。所以,当面试官问"你为什么选择某个城市"的时候,他想要听的并不是各位对这个城市经济发展、文化教育等等的评价,而是想从各位的回答中试探出:你到底打算在这个城市待多久,能长时间在这工作吗。

回答技巧

所以,在基本的原因说明之外,各位一定要给出一些增加稳定性的信息才行,好让对方认为你会长期待在这个地方。这些信息包括:感情原因、家庭原因。因为个人喜好等因素的可变性是很大的,往往能"困"住一个人的,都是"无法自拔"的感情因素和"不可忤逆"的家庭影响。

参考模板

其实,我选择上海的原因主要有三个:其一是因为上海的医疗、教育资源丰富,可以更好地满足相关的需求;其二是我对这个城市其实是很熟悉的，因为我有很多亲戚在上海定居，我也在上海常住过一段时间，自己很喜欢这个城市，并且如果以后在上海工作的话，会有家人可以陪伴；其三是比较个人的原因吧，选择上海其实是我和另一半共同的决定，我们都很喜欢上海，决定以后在这里长期发展下去。以上就是我为什么想来上海工作的原因。

问题 5 | 你的职业规划是什么？

问题类别：介绍类

问法：直截了当问法

问题分析

职业规划是非常典型的忠诚度类问题，如果说"你为什么想做审计"考核的是面试当下这个时点的忠诚度，那么"你的职业规划是什么"考核的就是长远一点的忠诚度。面试官需要了解各位未来的打算，从而才可以知道：你是否会长久地待在我们公司，为公司创造更多的价值。假如一个新人在加入公司的 3 个月里，一直在各个岗位进行轮岗和培训，实质上并没有很大的输出，更多的是了解和学习各部门工作的内容与流程，如果这个新人在轮岗 3 个月之后跟公司提出了辞职请求，那么这个时候，各位认为公司是亏了还是赚了？答案很简单——亏了。所以，一个员工在岗位待的时间长短、实际的输出情况对公司来说，是非常重要的，没有任何公司想要做垫脚石，帮其他企业培养员工。由于"四大"长期扮演着"万年跳板"的角色，故"四大"的面试官会很在意这个问题。哪怕各位为了润色答案说说场面话也好，也好过连场面话都不说的人。

回答技巧

"投其所好"是回答这类问题的关键，因为公司是不会为某个员工量身定制晋升和发展路径的，一般情况下，公司会有计划地安排好员工的职位晋升。所以，与其说这个问题是在问各位对未来职业发展的安排，倒不如说，这个问题是在看各位的未来规划是否和公司的晋升路径相符。如何才能做到和公司安排完美相符呢？想必各位已经知道答案了——照着公司给的发展路径来说。而这部分信息，笔者在前面的章节中已经说得很清楚了，这里就不再多提。

参考模板

我是按照短、中、长期来规划职业发展的。首先，我非常希望能够加入××的审计部门，如果能有幸加入的话，3年内我希望可以快速积累经验，丰富自己的实践能力，同时，也希望在3年内能考完CPA考试。中期来说的话，我希望能够成为审计经理，独立带领团队完成审计项目，快速提高自己的项目管理能力和团队管理能力，同时也希望自己有比较完整的知识体系去培养新人。当然，到了经理层面之后，我会更注重自己的人脉扩展，希望可以帮助公司拉到更多项目，为××带来更多的收益。长期来说可能就随着发展吧，现在没有想那么多。以上就是我的职业规划，谢谢！

问题6　你有男朋友（女朋友）吗？对方的情况怎么样？/父母对你就业的想法是什么？

问题类别：闲聊类

问法：旁敲侧击问法

问题分析与回答技巧

知己知彼，百战百胜。各位都已经读到这里了，应该知道这些问题背后的深层意义了吧。首先，面试官并没有那么八卦，非要在专业的面试中问各位的私人问题和家庭问题，他们问这些问题的根本原因是：测试忠诚度。正如上面提到的：往往"困"住一个人的，都是"无法自拔"的感情因素和"不可忤逆"的家庭影响。所以面试官在问这种问题的时候，是想看看这两个因素目前处于什么状态。至于男女朋友这一层，没有的话就是没有，如果有且是该城市的"原住民"的话，或者说在这个城市工作的话，各位直接说明即可，如果有但并不在这个城市的话，各位要么直接说"没有"，要么把对象

"平移"到该城市，不然，面试官会觉得各位的心早晚会跟着对象飞走的，那多不稳定啊。至于父母的想法，各位直接回答"父母非常支持我的决定"即可，不用那么老实地说：其实我妈妈非常想让我回老家考公务员，我这次出来面试都是溜出来的呢。这么一说，面试官会怎么想呢，跟妈妈抢女儿/儿子吗？不妥当。

3. 第三类问题：与简历相关的问题

假设各位顺利通过了忠诚度测试，来到了"继续面试"的环节，那么接下来，面试官就该扒一扒各位的过往经历了。虽说这些信息在简历上都有客观描述，但文字版与口述版还是有本质区别的。面试官可能会问简历中提及的所有内容，包括学校、专业、课程、论文、实习、学生活动、项目、证书等。在面试官看来，花点时间研究候选人的简历还是非常有必要的，原因有3点：（1）挖简历中没写到的东西，比如在一个实习中你都学到了什么、遇到了什么困难、某个任务具体的处理方式等；（2）测试简历的真实度，人人都可以复制一段文字到自己的简历中，但没有亲身经历过的人是说不出那么多细节的，故从候选人的表现中就可以看出来，这些经历是否有水分、是否真实；（3）软实力，面试官可以通过候选人对各类问题的表述看出对方的表达能力，而在面试的情境里，表达能力一定层面上等同于沟通能力、逻辑思维和抗压能力。再回想一下简历篇章的内容，当时笔者提到，简历是个值得花时间好好改的东西，因为在改简历的过程中，各位其实是在有逻辑地梳理过往经历，而这个逻辑会延续到后期面试中来。当然，各位不要因为怕自己的经历被问到，于是就不把一些重要信息放在简历上了，比如自己也不是非常懂的学术论文等。逃避是不好的习惯，既然知道它可能会被问到，那就提前准备好，否则，如此这般删删减减之后，各位还有什么筹码去赢得面试官的认可呢？所以不要退缩，好好准备是最好的方法。好了，下面笔者将按照简历编辑的顺序来"出题"，针对重点题目会给出案例，而其他题目还是以分析为主，各位自行添加自己的故事即可。

问题1 | 能讲一讲这个专业吗？

问题类别：介绍类
问法：直截了当问法

问题分析

能回答好这个问题的人，要么是准备过的，要么是非常认真且会思考的好学生。公司在招聘的时候很怕遇到"水货"，即大学时候只知道吃喝玩乐，不好好学习而虚度青春的人。所以有的面试官会通过这个问题去做测试，当然，也有一种情况是，各位的专业十分罕见，所以面试官会对这个专业感到好奇。但是，即便属于后面这种情况，各位还是需要有逻辑地介绍，否则对方可能会产生怀疑，认为你连自己读过的专业都不了解，可能离"水货"也不远了。

回答技巧

要知道，这个问题并不需要各位长篇大论、谈天论地，那是学者们做的事情，各位解释清楚即可。要想对一个"小白"解释清楚的话，各位需要大概说一下这个专业覆盖的范围，再提及一下这个专业的授课风格，最后针对一些比较重要的课程内容做进一步的介绍。

参考模板

简单引入

ACCA是我们学校比较新的一个专业，全称为"会计专业（ACCA方向）"，在学习过程中，我们不仅需要学习中国的会计准则，也需要紧跟着ACCA的考试体系去学习英国的会计准则，以便通过ACCA全球统考。比较特别的是，给我们授课的都是学校教MBA的老师，所以教学风格很灵活，并且老师会布置很多案例分析的作业，帮助我们更深刻地理解课堂内容。

主体内容

总的来说，ACCA专业要学的课程很多，包括：财务会计、财务管理、税法、公司法、企业管理、审计、战略等。另外，这些课程分为初阶课程和高阶课程，初阶课程我们学习一些基本的概念即可，而高阶课程我们需要学习怎么去处理更复杂的问题。

进一步介绍

比如财务会计分为基础财务会计以及高级财务会计，在基础财务会计部分，我们只需要学习不同科目的认定与会计处理方式，而在高级财务会计部分，我们则需要完成更复杂的会计处理，并且学会合并报表的编制方法。至于财务管理，初级财务管理里我们只需要学习企业融资、投资、风险管理等活动，这些都是很基础的工具，而在高级财务管理层面，我们需要了解并学习企业并购、金融衍生品等更复杂的企业活动以及企业财务管理活动中用到的工具。

结尾

所以整体上来说，ACCA 这个专业的学习是循序渐进的，在大一大二的时候学生先学习简单的但很重要的基础知识，而在后期的时候，学生要学会处理更为复杂的问题。以上就是 ACCA 专业的整体介绍。

| 问题 1 延伸 | 能讲一讲这门课程吗？ |

问题类别：介绍类

问法：直截了当问法

问题分析与回答技巧

这个问题存在的意义与回答的技巧和上道题一样，故不再多提，各位可以参考前面的模板。

| 问题 1 延伸 | 高中 / 大学 / 研究生时期学得最好的课程是什么？高中 / 大学 / 研究生时期学得最差的课程是什么？ |

问题类别：闲聊类

问法：旁敲侧击问法

问题分析

这道题出现的根本原因在于：面试官想通过各位擅长或不擅长的科目了解你

的长处与短处。因为不同的科目需要的能力是不一样的，比如理科可能更看重计算，但对记忆力要求不高，文科则有不同的要求。面试官结合工作需要的能力来分析的话，很容易分辨出哪些候选人更"天生适合"该岗位。

回答技巧

所以，各位要学会"投其所好"，把面试官往自己设计的"坑"里引，反套路对方。在面试官没法看到成绩单的情况下，各位可以自由发挥，说自己成绩最好的课程是审计（或者其他财会类、分析类课程），成绩最不好的是完全不沾边的其他课程，比如军事理论、思想道德修养与法律基础等。各位如果想玩高阶反套路的话，可以"假装自杀式"回答：成绩最差的是基础会计这门课程。然后再说明一下原因和自己提高成绩的方法，最后以"所以高级会计这门课程，我就取得了全班第一的成绩"作为结尾。怎样都好，看各位如何选择了。当然，如果面试官手里有各位的成绩单的话，各位就要适当去挑选相关的且成绩好的课程来说，否则不就打脸了吗？

| 问题1延伸 | 能讲一讲你的毕业论文写了什么吗。/ 能讲一讲这个项目做了什么吗。 |

问题类别：介绍类
问法：直截了当问法

问题分析

通常来说，毕业论文是一个学生在学生阶段最深入研究的东西了，它毕竟关乎毕业。所以有的面试官会通过这个问题来考核各位是否认真对待自己的产出，反过来看，如果一个学生连自己的毕业论文都不认真对待的话，那这个学生离"水货"也不远了。当然，有时候面试官只是对这个问题感兴趣才问，但逻辑类似，不论面试官怎么问，各位都要认真回答，毕竟这关乎着各位是否会被判定为"水货"。

回答技巧

这个问题不需要各位高谈阔论、谈天谈地，只需要解释清楚论文/

项目是什么、是怎么做的就好。当然，由于这是研究后的产出，所以各位还需要在解释之后，大概说一下自己的想法、当时的发现或结论，这样才算完整。注意，如果面试官问的是以小组为单位的论文或者项目的话，各位需要完整地把论文/项目描述出来，最后再简单介绍一下自己负责的部分，如果各位只说自己做的部分的话，面试官听到最后可能还是不知道它到底是什么。

问题 2 │ 你为什么要读研？/ 为什么不读研？/ 你觉得读研重要吗？

问题类别：介绍类

问法：旁敲侧击问法

问题分析

这个在早年间是经常被问到的问题，至少对于"四大"来说是这样的。本质的原因是，早年间求职"四大"的本科生与研究生数量相当，读研与不读研各有好坏，由于读研与否是人生中比较重要的决定，所以面试官想知道各位是如何做这个重要决定的，各位的想法是什么。看出来了吗？读研与否本质上不是个问题，对方问这个问题并不是对你"本科身份"的嫌弃，因为如果"四大"只要研究生的话，也不会给本科生面试的机会了。这个问题的根本在于，你是如何规划的？你是怎么做决定的？如果各位是个连自己的人生重要决定都敷衍了事、随意顺从的人的话，那企业怎么会信赖你呢？今天你可以听爸妈的话就考研了，明天是否也会随便听一个人的建议就辞职走人呢？

回答技巧

只要不踩坑的话，其实这个问题不难回答。什么叫坑呢？比如，我爸妈还是希望我读研，我就读研了；当时身边的人都读研了，我就也读研了。当然，回答这个问题的时候，各位只需要说自己选择的好处，比如对方问"你觉得读研好还是不读研好"，各位如果没有读研的话，就不要说读研有什么不好的，只提及不读研直接工作有什么好处就是了。

参考模板

是这样的,其实我之前也考虑过考研和出国留学,但仔细思考之后,我还是决定直接工作,主要原因有3点:(1)我想从事的是审计工作,这份工作并不要求从业者有研究生学历,本科学历也是够的。(2)去国外读研究生需要1—2年,在国内读研究生需要2—3年,而我了解到审计其实是一个非常依赖实践的工作,所以相比于再继续学习课本上的知识,我个人更倾向于从实践中积累和学习。(3)不论是出国留学还是考研,都是非常耗费时间的事情,比如占用较长的假期时间,这意味着我会失去很多实习和考各种资格证的机会,我认为在正式求职之前,还是需要有不同的尝试的,与读研相比,我更倾向于考资格证和实习。以上就是我没有选择继续读研的原因。

问题2延伸 | 中国和英国的教育体系有什么不同?

问题类别:介绍类
问法:直截了当问法

问题分析与回答技巧

这道题并没有什么套路,但担心各位踩坑,所以还是提一句吧。回答这道题,各位不要去说中国教育和英国教育不好的地方,换个方式说会更好一些,比如"在教学方式上,英国教育会更加灵活一些"这句话会比"在教育方式上,中国教育非常死板"要好得多。

问题2延伸 | 为什么研究生读了商务分析专业? / 为什么本科读了会计专业?研究生还继续读会计专业吗?

问题类别:介绍类
问法:旁敲侧击问法

问题分析

这道题很有意思,它不仅在测试各位如何做重要选择,还在测试各位的忠诚度。要记得，这里提到的所有问题都是基于审计求职来说的，如果各位研究生阶段的专业和审计不沾边的话，要注意自圆其说。放心，很多东西都是相通的，各位不要因为专业看起来不对口就放弃面试，没那么严重。

回答技巧

如果本科和研究生所学专业都属于财会类的，各位往"本科学习了之后发现很感兴趣，所以研究生阶段想继续深入学习"这一方向引就行。如果本科是财会类专业而研究生读了个看似不沾边的专业，各位可以说"这个专业的一些课程是很符合未来发展的，所以认为有必要提前了解，这对未来的审计工作也有帮助"，或者说"这个专业的一些课程正好弥补了之前学习的一些缺失，我认为二者可以产生更好的协同效应"。如果各位本科与研究生所学专业都和财会没有任何关系的话（比如：化学），那各位只能说"读研之后才决定要做审计"。试想一下，如果各位说自己本科就想做审计，然后研究生又继续选了个和审计完全不沾边的专业的话，这不自己坑自己吗？谁会信呢？

问题3 说说你这个实习都做了什么吧。

问题类别：介绍类
问法：直截了当问法

问题分析

简历只是密密麻麻的文字信息，面试官与其自己一点点扒，一点点去理解，倒不如直接听听"语音版"的回答，那可清晰多了。

回答技巧

首先，各位要记住对面的面试官是个"小白"，所以应该介绍一些实习的背景信息，不然对方可能意识不到各位实习都做了什么事情。再者，从三个方面说明实习内容：（1）项目类/职能类，如果各位的实习是以项目为单位的，则属于前者，这取决于各位的实习类型；（2）做了哪些工作，这指的是各位实际完成的工作有哪几类，比如做账、员工报销等；（3）各类工作具体是怎么做的，这指的是针对每类工作，各位具体是如何去完成的，即完成的步骤/方法是什么、注意点是什么。在准备面试回答之前，各位最好先逐一梳理一下每个实习的具体内容，并且一定要仔细核对该内容与简历内容是否一致，否则就穿帮了。最后要注意，如果各位的实习任务非常少的话，那么，在回答时需要把三层信息都添加进去，但如果各位的实习任务非常多的话，则只包含第一、二层信息即可，而第三层信息，等着面试官继续深挖每个任务是如何执行的时候再说就好了。

参考模板1（职能类）

简要引入

大三暑假时，我在ABC公司的财务部门实习了大概两个月的时间。

背景介绍

ABC公司是我们重庆本地排名前10的一家房地产企业，我所在的财务部门主要负责公司的日常账务处理、税务处理、预算管理、报销管理等工作。

主要任务介绍

我的工作主要分为三类：日常账务处理、报销管理和其他支持性工作。至于日常账务处理，我主要是负责银行存款、现金、应收账款、应付账款等比较基础的会计凭证的编制工作，此外，我还负责其他科目凭证相关材料的复核、整理工作，每天处理大约30份凭证。至于报销管理，我主要负责对接各部门的报销人员，帮助他们提交相应的报销申请，另外，我还负责相关材料的审核、报销进度跟进等工作。在其他时间，我会帮助部门完成一些支持性工作，比如凭证装订、资料整理、打印银行对账单等。

结尾

以上就是我在这个实习中做的主要事情，虽然做的事情都比较基础，但学到了很多东西。

参考模板 2（项目类）

简要引入

大三寒假时，我在 ABC 事务所的审计部门大概实习了两个月的时间。

背景介绍

ABC 是重庆本地排名前 5 的一个事务所，有 20 年的历史。我当时参加的是一个制造类企业的年度审计项目，由于我是年初的时候加入的，算是项目的中期了，所以更多参与的是不同科目的实质性测试工作，当时一共参与了 5 家子公司的审计工作。（注意，如果各位做的不是审计项目，则需要大概解释一下，这个项目的目的是什么，以便面试官能理解你所做的一切都是为了什么）

主要任务介绍

我主要参与了 4 个科目的审计工作，分别是：银行存款、固定资产、应收账款、应付账款。银行存款部分，我主要是负责银行函证的编制、发出、收回、信息整理等工作，一共整理了大概 60 份银行函证。至于固定资产科目，我主要是负责新增固定资产合同审阅、折旧费用测算工作，并且负责相关底稿的编制工作。至于应收账款，我主要做了账龄分类、坏账准备检查、样本检查、函证这 4 项工作，当时一共检查了大概 50 份样本，发出了大概 30 份应收账款函证。至于应付账款，整体上来说负责的工作和应收账款是一致的，当时一共检查了 100 份左右的样本，发了 20 份左右的应付账款函证。在其他时间，我也帮助部门完成一些支持性工作，比如审计资料装订、相关数据更新等。

结尾

以上就是我在这个实习中做的主要事情，虽然所做的事情都比较基础，但学到了很多东西。

问题 3 延伸	说说这个工作你具体是怎么做的。/ 你是怎么拉到 50 个客户的？

问题类别：介绍类

问法：直截了当问法

问题分析与回答技巧

听完你的回答后,面试官可能会问,"那你说说函证是怎么做的吧""你说说函证编制需要注意什么""你们在做样本抽取的时候,是按什么逻辑抽的"这些都属于细节测试类问题。

面试官问这类问题本质上是想了解两个事情:(1)你是不是真的做过这个工作;(2)你是否真的认真做了这个工作。如果各位实际上并没有做这个工作的话,那么对工作细节的把握肯定不好,这就是为什么面试官可以轻易测试出各位简历内容的真假;如果各位只是非常机械地完成重复性工作的话,不会记得具体的工作步骤,更不会去思考这些步骤背后的逻辑,这样一来,即便各位有过不同的实习经历,也不可能真正学到东西,有没有实习又有什么区别呢?所以,各位还是很有必要把这些细节梳理一遍的,万一面试官是个处女座,那各位可就完了。当然,不论考整体还是考细节,这类问题总归是介绍类问题,所以各位简单介绍一下这个工作,再分点说明都做了什么、怎么做的就好。

问题 3 延伸 | 我看你在实习里写过一个行业报告,说说你对这个行业的看法吧。

　　问题类别:介绍类
　　问法:直截了当问法升级版

问题分析与回答技巧

如果说上面的细节测试只是问"你能说说具体是怎么选取样本的吗",而这个问题在问"你在看这些样本信息的时候,有没有发现这个公司/行业发展的问题"。这对于一个实习生来说,真的是非常要命:我能把步骤回忆起来就不错了,你竟然要求我过目不忘。但没有办法,这种题是出现过的,确实很考验一个人的思维能力,如果各位是好奇心重、爱思考的人的话,自然能发现存在的问题。所以,只能"劳烦"各位再延伸一点,思考一下接触过的行业大概是什么处境,各位如果做过咨询、行研类实习的话,这是必须要做的准备。

至于行业看法，各位可以从3个方面回答：总体评价、近年发展、小例子。尤其注意，在描述对行业的看法的时候，不要摆出一副"研究学者"的派头来评判行业的好坏，各位可能看得还没有那么深刻，即便你认为自己看得特别对，也要稍微谦虚一点。

问题4 | 在这个实习里，你都学到了什么？/ 在这个实习里，你最大的收获是什么？

问题类别：介绍类
问法：直截了当问法

问题分析

保持思考是个非常重要的事情，如果一个人第一次做一个任务和第十次做同一个任务的速度、逻辑都完全一样的话，那实践又有什么意义呢？企业在筛选简历的时候那么看重学生的实习经历的原因不外乎3个：（1）你被选择过，那你的背景应该还不错；（2）你有过经验，所以来我们公司之后可以更快地上手工作；（3）你熟悉这个行业的情况，是思考之后才决定加入这个行业工作的，所以无须担心你会因为适应不了环境而很快离职。所以，在大部分面试中，这都是一个必问题，各位需要告诉对方"我是有思考和经验积累的"，以排除"实习了也没啥长进"的嫌疑。

回答技巧

在回答这类问题的时候，各位可以从真诚和逼格方面去筛选内容，也可以二者都要，但要注意"投其所好"。如果各位从一个"朝九晚五"的实习里认识到生活与工作平衡的重要性、不用加班的快乐的话，那最好还是把这份"恩情"放在心里吧，毕竟各位应该非常了解一个事实——审计是要加班的。

参考模板

在这个实习里我学到了很多东西，主要有3个：第一，明白了实践与理论的区别。在做审计实习之前，我对这份工作的理解是更偏理论的。比如，我刻板地认为应收账款科目的审计，比较重要的一个实质性程序是函证，只要收回函证就可以确认金额的准确性，但实际工作中我发现，其实很多时候第三方是不会回函的，这就需要通过替代性程序去确认金额是否准确。我认为这是一个课本中不会强调，但实际工作中可能很常见的事情，需要实践才能发现。第二，提升了工作技能。在这个实习里我需要经常和银行、客户等打交道，一开始的时候可能比较怯场，但后期熟悉之后就可以很专业地对接了，所以这份实习对我的沟通能力的提高还是帮助很大的。当然，由于这是个年审阶段的实习，所以整个实习还是挺辛苦的，基本上每天都要加班到11点以后，周末很少可以休息，所以在经历了一个忙季之后，我发现自己的抗压能力有很大的提升。另外，在这个实习里，我运用Excel的能力也得到了很大的提升。第三，明确了自己的职业规划。通过这次实习，我发现自己还是挺喜欢审计这份工作的，它很有逻辑，并且经历过一个忙季之后，能和自己的团队一起有个完整的产出，整个过程还是很有成就感的。这就是我在这份实习中学到的东西。

问题 4 延伸 | 在这个实习里，你遇到的最大困难是什么？

　　问题类别：故事类
　　问法：开放类问法

问题分析

　　既然是个故事类问题，那各位就不能只做到条理清晰了，还要注意故事的精彩性。当然，这个问题看似在问各位遇到的最大困难是什么，其实是在问：（1）什么对你来说意味着困难？（2）你是怎么处理这个困难的？（3）你收获了什么？当然，各位不要被"什么对你来说意味着困难"这个问题吓退了，感觉不解决一个世纪性难题都对不起自己闪亮的背景，大可不必。刚进入社会的学生遇到困难是很正常的事情，主要是看各位如何面对和处理这些困难，经历了这些困难后得到了哪些成长，这才是重要的，毕竟没有人天生就很厉害。

回答技巧

首先，要注意面试官的"小白"身份，各位需要把故事的大概背景说清楚，对方才能知道你解决的到底是什么难题。再者，要注意这个问题出现在哪个经历之后，如果各位有5个实习，刚好面试官问各位最近的一个实习遇到了什么困难，各位就不可以再说"平凡的困难"了，不然前4个实习是干什么用的呢？从整体结构上来看，各位可以说的内容有：背景情况、问题与难点描述、处理方式、结果与个人收获。

问题5 | 在这些活动里，你觉得印象最深刻的是哪次？

问题类别：故事类

问法：直截了当问法

问题分析与回答技巧

同理，这个问题的回答方式与实习部分的问题一样，故不再多提。用之前的例子来做模板，各位可以再回想一下，何为"精彩的故事"。

参考模板

我想讲一个大学时组织的迎新晚会活动，这是我第一次组织大型校级学生活动，那时候我是外联部的成员之一，负责的任务比较基础，但完成过程中还是有很多小插曲，也学到了很多东西，所以对这次活动印象非常深刻。在这次活动中，我主要负责活动策划、拉赞助、现场管理这3个任务。

活动策划主要是参照往年情况，对活动时间、时长、场地、预算等做了安排，而现场管理主要是做了一些场地搭建以及现场秩序维持工作。按参与度来说的话，其实我最主要的工作是拉赞助，比如赞助商选择、前期报告的撰写、实地沟通等工作主要是我负责做的。

在做每一项工作之前我都会参考前人的经验，自己也会做一个大概的规划，但在执行任务的过程中，我发现，其实"做好准备"并不代表一切事情就可以顺利进行。比如在拉赞助的时候，我认为学校周边的商家应该有大的推广需求，所以愿意赞助的商家应该不少，但是在跑了大概50个商家之后，我发现很多商家已经和不同的学生组织合作过了，所以当时有合作需求的商家并不多，这其实和我最开始的想法是很不一样的。但在我的不懈努力下，还是谈了3个有意向合作的商家，分别是家教公司、餐厅、蛋糕店。但它们都不能提供足够的赞助金额，并且希望自己独家赞助该活动，所以当时有两个处理方式：一是让商家提高赞助金额；二是让这三个商家合作。

但第一条路是行不通的，因为商家也有自己的预算，而学生活动其实大同小异，所以很难说服商家提高赞助金额，所以我当时用了第二种方法——合作。我分析了不同商家的业务模式以及目标客户人群，发现其实家教公司的主要客户是家长和学生，它们有大量的相关客户资源，而餐厅和蛋糕店最主要的客户是居住在附近的人、在附近停留的人以及学校学生，所以从目标客户角度来说，这三个商家的大部分目标客户属于同一个群体，一定层面是可以共享的，且不存在直接的竞争关系。于是，我当时判断这三个商家完全有可能合作。比如，不同商家可以在自己的店内为其他商家做广告，或者通过其他推广方式实现互利共赢。而这次赞助活动让它们有机会第一次实现合作，以后也可以进一步发展合作关系。所以在后期谈判的时候，我便建议三个商家共同赞助这次活动，最后，三个商家接受了我的建议，同意合作，我也成功拉到了一万元赞助费。其实一万元可能从公司角度来说并不多，但对于学生活动来说已经算是很大的数额了，这是近3年来类似活动中拉到的最高赞助费，它不仅解决了我们所有物料的开支需求，还有很大一笔剩余，这些钱最后用于采购活动奖品，其实也是因为奖品丰富，有很多学生都愿意参与到这次晚会中来。

这次活动算是很成功的，现场来了500多人，而且整场晚会学生参与度非常高，给新生留下了比较好的印象。所以整体来说，我对这次活动的印象非常深刻：其一，这是我组织的第一场活动，让我深刻地认识到了计划赶不上变化这个道理；其二，我独立负责拉赞助的任务，成功拉到了近几年最高的赞助额，所以还是很有成就感的。

| 问题 5 延伸 | 说说你在这个学生组织里都做了什么吧。

  问题类别：介绍类
  问法：直截了当问法

| 问题分析与回答技巧 |

  本质上来说，这个问题的回答与实习部分问题的回答一样，故不再多提。

| 问题 5 延伸 | 你说你拉到了 10 万元的赞助，具体是怎么拉到的？

  问题类别：介绍类
  问法：直截了当问法

| 问题分析与回答技巧 |

  这个问题的回答与实习的细节测试问题的回答相同，各位一定要对简历中的各种信息非常熟悉，如果被问到的时候支支吾吾，面试官会怀疑经历的真实性。

| 问题 6 | 为什么没有考证呢？为什么英语成绩不高呢？为什么没有实习呢？

  问题类别：闲聊类
  问法：直截了当问法

| 问题分析与回答技巧 |

  这类问题出现的原因是：面试官浏览完各位的简历后，发现各位在某方面做得不是很到位，或者说缺少一些必要的筹码，从而提出相关疑问。其实这类问题的回答与之前提到的忠诚度问题的回答类似，只不过忠诚度部分各位被问到的是"你都没有实习，为什么想做审计呢"，而这类问题只保留了问题的前半部分。要记得，如果各位只被问及前半部分，则不需要再硬说"我能做、我适合、我喜欢"，不然太过刻意了，毕竟对方只是问问原因罢了。

4. 第四类问题：个人类问题

个人类问题是简历和忠诚度之外的问题，面试官问这类问题是为了进一步了解各位的性格、过往经历等，从而看各位是否符合岗位要求。当然，各位也可以把这类问题理解为：面试官不想一点一点扒你的简历信息了，而是直接摊牌，让你讲相关的故事。而你则需要挑选出最有代表性的故事，向对方证明你是符合岗位要求的。这种方式其实是非常高明的，因为面试官无须再通过扒简历去侧面了解候选人的能力，而是直接要求候选人来"开价"，把最拿得出手的筹码都交出来。如果各位没有从岗位需求的角度认真准备这类问题，且又遇到了"霸道总裁"型面试官的话，那就别怪面试官认为各位没有诚意了。最后提一句，其实对于四大审计岗位的求职来说，"霸道总裁"型面试官出现的概率并不大，但对于快销、互联网、咨询等行业来说，主动销售自己就是一个非常重要的事情。如果各位属于广撒网型求职者的话，那么还是很有必要去深入研究岗位需求与自身筹码的，因为对许多行业来说，"passion"是一个非常基本的要求，如果做不到，对方会认为你诚意不够，或者认为你缺乏必要的能力，是不足以胜任相关工作的。

问题 1	你最大的成就 / 失败 / 困难的事情是什么？

问题类别：故事类

问法：直截了当问法

问题分析与回答技巧

这个问题问的是：什么对你来说意味着成就 / 失败 / 困难？你是如何处理这次事件的？结果是什么？你有什么感想？回答这类问题，从"真诚"和"拿得出手"这两个角度出发，如果各位有非常厉害的故事可以打动面试官的话，直接拿出来就好，而如果没有的话，可以从真诚的角度出发，讲一个真实而打动人的故事，让面试官认为，你是一个会思考、不退缩、会总结的人。当然，如果面试官是一个非常喜欢问故事的人的话，各位需要适当把这二者结合，因为如果每个故事都是小而温暖的，对方可能会觉得你没有经历过什么大风大浪，有的只是一个人的多愁善感罢了。这些故事可以来自生活、学生活动、实习、学业等，只要你认为这些故事能代表自己，都是可以的。可能各位会觉得很纳闷：这些问题在前面部分已问过了，为什么还要问一次呢？这二者其实是不冲突的，因为前面的"困难"被限制了范围，即在这份实习里、活动里遇到的困难，而这部分是不限范围的，生活、学习、实习等都可以供各位取材。回答好这类问题，各位需要做到4点：（1）找到素材；（2）找到困难/成就/失败的点；（3）讲清楚你应对困难/取得成就/处理失败的方法；（4）结果与相关感想。

至于模板，由于之前在实习部分已经给出了参考案例，故这里就不再多提了。

问题2　你认为自己最大的优点/强于别人的地方是什么？

问题类别：介绍类

问法：直截了当问法

问题分析

这个问题本质上问的是：我为什么要选你，而不是选他们呢？这是面试官在要求各位主动销售自己，面试官并未直接问"你是个有抗压能力的人吗"，而是把找素材的主动权交给各位：给你一个机会，来说服我吧。

回答技巧

要学会投其所好，告诉面试官：我最厉害的地方，正是你这个岗位需要的，这就是为什么要选我而不是选其他人的原因。所以，回答这个问题的重点在于：（1）说什么；（2）如何证明。关于"说什么"，各位不要去找非常普通的素材，比如"我是个认真的人"，会让人觉得很空，任何人都可以凭空说自己是个认真的人，而面试官在短时间内无法确认各位是否有这个优良特质，所以一定要去找大多数人没有而你有，并且适合这个岗位的特质。再者，各位需要去找那种对方无力反驳的证据来证明自己。如果各位说：我有很强的抗压能力，我之前实习的时候每天加班到晚上9点。面试官只会觉得：加班到晚上 9 点就叫"有很强抗压能力"吗？你是不是有什么误会？

参考模板

这个问题可能很难客观回答，那就从身边的比较来说吧，我认为自己最大的优势有 3 个：其一是学习能力。您可以看到我在本科和研究生期间都保持非常好的成绩，并且自学通过了 CFA 二级考试以及 ACCA 全科考试，所以就这些学习经验来说的话，我是一个能很快掌握新知识、有自己的学习方法并且懂得如何高效学习的人。其二，我是一个非常有毅力的人，不论工作、学习有多繁忙，我每天都会坚持锻炼半小时，即便有时候不方便去健身房，我也会用其他方式坚持锻炼，因为我认为身体健康是保证有精力工作的基础。其实对于其他事情也是这样，只要我决定了要做，就一定会坚持下去。最后一点是创造力，这一点可能很难用具体例子来说明，但是在很多次学生活动或者小组活动里，我发现自己总是那个有很多点子的人，遇到很复杂的问题总能理清思路，找到解决办法，身边的朋友遇到问题也会和我讨论。以上这 3 点就是我认为自己最大的优点。

问题 2 延伸 | 你的缺点是什么？你觉得这个缺点会影响你的工作吗？

问题类别：介绍类

问法：直截了当问法

问题分析

面试官在问这个问题的时候，主要关注两点：（1）你是否真诚。（2）你的缺点是否对这个工作来说是致命的。这是令很多人害怕的问题，生怕自己的缺点暴露之后对方会嫌弃自己。其实不然，只要各位的缺点不影响工作就好，面试官并不介意其他方面的缺点。

回答技巧

既然对方关注的是真诚和缺点，各位就要从这两个方面找寻素材。排除法是找素材的好方法，如果各位不知道说什么好，那就把自己的缺点都列出来，看看什么不能说。当然，要完整回答这个问题，各位需要说两点：(1) 缺点本身；(2) 简要说明。另外，要提醒各位的是，不要说自己"太追求完美"是个缺点，这明明是个优点，不要太耍滑头了，面试官都熬成老油条了，这些套路见多了就烦了。最后，有的面试官在问完一个缺点之后会继续追问别的缺点，所以各位最好准备3个缺点，当然，笔者并不是要各位一次性把3个缺点都抛出去，而是有备无患，一次说一个就好，不要那么老实。

问题2延伸 | 朋友是如何评价你的?

问题类别：介绍类
问法：旁敲侧击问法

问题分析与回答技巧

这个问题其实之前提到过，属于"旁敲侧击问法"的鼻祖，深藏不露，是"杀人于无形"的高手题。这道题其实就是从不同的角度问：你是个什么类型的人？你的优点、缺点是什么？当然，回答时不会有人说自己的缺点，但如果不提前思考的话，各位说出的优点不一定是岗位需要的，失去了"投其所好"的作用。好了，内容方面在前面的问题中已经说过，各位可以换个方式去描述，最好用总分的方法去描述，先给个结论，再用简单例子说明。

问题3 | 说一个你领导团队的例子吧。/ 说一个团队合作的例子吧。

问题类别：故事类
问法：直截了当问法

问题分析

这是一道考核领导力的题，面试官通过这道题可以了解到：(1) 你领导多大的团队完成了什么任务。(2) 你是如何领导团队的。(3) 你是否一个有领导力的人。由此判断各位是否符合岗位需求。

回答技巧

所以，各位不要找寻诸如带领宿舍里的人打扫卫生、领导组员完成小组作业这类例子，因为即便各位在这些活动中担任领导角色，也不代表各位就有领导力。这道题是想看看各位有没有领导力，结果各位说了半天也没给出说明自己有领导力的例子，岂不浪费了一个表现自己的好机会吗？要回答好这个问题，各位需要做到：（1）找到适合的案例；（2）让面试官了解整个故事的内容；（3）说明你是怎么领导的；（4）给出结果与你的感想。要记得，"让面试官了解整个故事的内容"是为了让各位的回答更为完整和有逻辑性，毕竟面试官是"小白"，需要各位讲清楚一些基本的背景信息。"说明你是怎么领导的"是重点。很多同学在回答这类问题的时候主次不分，把讲领导力当成了讲案例，所以别怪面试官听完之后也没看出各位的领导力体现在哪里。

参考模板

简单引入

我想跟您分享的是一次学生活动的经历，那是我在学生会做部长时组织的一场文艺晚会，也是我作为部长组织的第一次活动。

故事背景

先说一下活动情况吧，那是一次校级的学生活动，规模在500人左右，所以每个部门都被要求加入进来，负责各自板块的任务，各部门部长组成活动管理层，主要负责整体流程跟进、工作安排等。我所在的部门是文艺部，一共有15个人，我们的主要任务是前期的活动策划、预算编制以及中期的节目筛选、彩排、场地预订，还有后期的现场管理等工作。

领导任务

作为文艺部部长，我负责的任务主要有3个：（1）活动梳理及分工；（2）流程跟进及质量监督；（3）复杂问题的处理。我会在活动的前期就梳理好所有相关的任务、每个任务的完成时间以及质量要求，然后再分配给相关的成员。在任务分配完后，我会定期召开部门会议，检查任务完成情况以及相关质量，比如在节目筛选时，我会亲自到评选现场，确保节目是合格的。当然，成员在任务完成过程中遇到困难，也会跟我讨论，比如在场地预订的时候，我们发现原本计划用的场地在活动当天不对外开放，我需要与其他部长以及学生会主席讨论处理办法，是改活动日期，还是换活动场地等，这些就是我作为部长所负责的事情。

小插曲

当然，听到这里您可能认为这是个很平常的学生活动，我所做的事情很普通。大多数情况下的确是这样，但这个活动让我对领导力有了新的认识。在任务安排的时候，通常情况下其他部长都会让"熟手"去执行任务，比方说让一个曾经做过活动策划的人去策划这次活动，其他任务也同理。但我在安排任务的时候就采取了完全相反的方法，比如让一个一直负责活动策划的人去做预算编制。其实，一开始成员完全不能理解，认为这是在给他们增加负担，也找我沟通。这是我预料到的，所以我告诉他们：你们来学生会是想多方面提升自己的能力，但如果一直做重复性的工作的话，是无法提升能力的。并且，我建议他们在执行任务的过程中多沟通交流，互相学习经验。

结果与感想

有趣的是，我们部门的任务完成情况和质量都非常好，绝对不亚于其他活动中的情况。并且，在这次活动结束后，很多成员跟我说：这次活动非常有意义，原来其他任务也不难，并且非常有趣。说实话，我挺有成就感的，一方面因为文艺部在这次活动中表现非常好，另一方面是成员的认可。通过这次活动我也更深刻地认识到，所谓"领导力"其实不仅仅指的是"协调力"，领导不仅是那个安排工作、监督质量和流程的人，更是一个团队的核心支柱，需要帮助成员做决定，也需要站在更高的层面看待问题，充分发挥团队的能力。以上就是我想跟您分享的例子。

问题4 说一个你处理复杂问题的例子吧。/ 说一个你有创造力的例子吧。

问题类别：故事类

问法：直截了当问法

问题分析与回答技巧

各位在回答这个问题的时候，要记得面试官可以看出来：(1) 对你来说什么意味着复杂问题；(2) 你是如何处理这些问题的；(3) 在这个过程中，你是否体现出解决问题的能力。这个问题的素材可以来自实习、生活、学习等，只要各位认为够复杂，至少人们一听就知道不是个简单的事情就行。各位可以从5个方面来回答这个问题：(1) 故事背景；(2) 任务描述；(3) 难点描述；(4) 解决方式；(5) 结果与感想。其中，故事背景和任务描述是为了让"小白"面试官了解背景情况，使故事更加完整，简要带过即可；难点描述是问题的核心，各位需要讲清楚才能让对方明白它到底难在哪里；解决方式则是表现各位聪明才智的部分，一定要说明当时的心路历程和具体是怎么解决的；结果与感想则属于故事收尾，做到有因有果。

此类问题与团队领导问题的逻辑一样，故模板部分不做过多赘述。

问题5 说一个你解决冲突的例子吧。

问题类别：故事类

问法：直截了当问法

问题分析与回答技巧

各位在回答这个问题的时候，要记得对方可以看出来：(1) 对你来说什么意味着冲突；(2) 你是如何处理这个冲突的；(3) 在这个过程中，你是否体现出解决冲突的能力。这个问题的素材可以来自实习、生活、学习等，只要各位认为是冲突，至少人们一听就知道这是个难搞的冲突就可以。各位可以从5个方面来回答这个问题：(1) 故事背景；(2) 情景描述；(3) 冲突描述；(4) 解决方式；(5) 结果与感想。其中，故事背景和情景描述是为了让"小白"面试官了解背景情况，使故事更加完整，简要带过即可；冲突描述是问题的核心；解决方式则是表现各位聪明才智的部分，一定要说明白当时的心路历程和冲突是怎么解决的；结果与感想则属于故事收尾，做到有因有果。

此类问题与团队领导问题的逻辑一样，故模板部分不做过多赘述。

问题6 | 能分享一个让你压力特别大的例子吗？你是如何处理压力的？

问题类别：故事类

问法：直截了当问法

问题分析与回答技巧

各位在回答这个问题的时候，要记得对方可以看出来：（1）对你来说什么意味着压力；（2）你是如何处理压力的；（3）在这个过程中，你是否体现出较强的抗压能力。当然，素材还是来自生活、实习、学业等，但是笔者在这里不建议各位用"生病"等例子做素材，因为这可能会让面试官觉得各位身体状况不是很好，不适合高强度工作。各位可以从5个方面来回答这个问题：（1）故事背景；（2）情景描述；（3）压力点描述；（4）解决方式；（5）结果与感想。其中，故事背景和情景描述是为了让"小白"面试官了解背景情况，使故事更加完整，简要带过即可；压力点描述是问题的核心，各位需要讲清楚才能让对方明白你的压力点在哪里；解决方式则是表现各位聪明才智的部分，一定要说明白当时的心路历程以及是怎么处理压力的；结果与感想则属于故事收尾，做到有因有果。

此类问题与团队领导问题的逻辑一样，故模板部分不做过多赘述。

5. 第五类问题：专业类问题

顾名思义，专业类问题是为了测试各位的专业能力。当然，如果各位并非科班出身的话，面试官是不会那么为难你的，顶多问问"对审计的理解"，绝不会要求你"说一下收入确定的标准"，除非各位非要给自己挖坑，在面试环节中透露出"虽然我不是科班出身，但我正在学会计知识，也一直在关注准则更新的消息，学得可好了"。如果这是真实的，那绝对是个加分项，但如果这句话有水分，那就是在给自己挖坑。一般情况下，学霸型的面试官非常喜欢问专业问题（毕竟水货面试官可能自己都不是很懂，问了会自讨没趣），毕竟绩点、奖学金等都是过去的事情了，而公司看重的是各位未来的能力。"学得好不好"这个事情，通过简单的专业问题便可以了解得一清二楚，学得好的人不一定能答出来随机的专业问题，学得不好的人 99% 是答不出来的，或者说，即便有的人可以背出相关概念，但也说不出更深刻的理解与认识。当然，由于专业问题需要"背标准概念"，这里只列出一些比较标准的问题及可能有的延伸，至于答案各位可以通过专业教科书去查询，这里就不再多提了。

问题 1 你知道新收入准则里，收入确定标准吗？

　　问题 1 延伸：说说你对新收入准则的看法。

　　问题 1 延伸：如果一个客户买了手机且保修期为 1 年，你认为对于公司来讲，这笔维修费应该怎么做会计处理？

问题 2 你知道三大财务报表的关系是什么吗？

　　问题 2 延伸：如果要你去查看一家公司的财务状况，你会从哪些方面查看？会特别关注哪些内容？

问题 3 你说说数字化/AI 对审计的影响吧。

　　问题 3 延伸：你认为疫情对审计的影响体现在哪些方面？
　　问题 3 延伸：你怎么看待目前的全球经济/中国经济？

第六类问题：情景类问题

　　假设各位已经通过了前面的忠诚度测试、简历测试、性格测试、专业测试，来到了"继续面试"的环节，可能会被问到一些情景类问题，这类问题是为了测试各位是否适合职场。各位可能会被给到未来工作环境中出现的各种情况，然后被要求给出相应的处理方式。"你如何看待加班"就是个很好的例子，因为把这个问题展开来说的话，就是：假设你加入我们公司，然后某一天需要你加班的话，你会怎么想、怎么做？这就是一个未来工作环境中出现的情况。当然，相信大多数人都不会直接说：我不。除非压根儿就不想要这个 offer 了。所以，其实不难看出来，候选人在回答这类问题的时候会偏向于"说好话"。各位可能会纳闷：既然都会润色答案，面试官何必问这类问题呢，你骗我我骗你吗？事实并非如此，大多数情景类问题的难度是大于例题的，很多学生因为缺乏一定的职场经验，故经常会自以为是地编一些非常美好的回答，而这些回答可能在职场上并不适用。这时候面试官自然会认为：在面试这种场合下，你都没办法给出好的处理方式的话，那走上职场你可能就更处理不好了。严格一点的面试官会认为你"不聪明"，适应不了职场，这麻烦就很大了，所以这类问题看似不难，但还是需要好好准备。最后，情景是多变的，故会衍生出非常多的情景问题，要想答好这类问题，各位一定要仔细体会回答的逻辑是什么，切勿直接背答案，因为碰到原题的概率并不是很大。

问题1 | 你对加班的看法是怎样的?

问题类别：介绍类
问法：直截了当问法

问题分析

把这个问题延展开来的话，就变成了：你应该知道我们这个工作是需要加班的，你怎么看这个事情？面试官在问这个问题的时候，并不是在询问各位的意见：你接受加班吗？不接受的话我们再看看怎么协调。这不可能，校园招聘里，学生永远都是偏弱势的群体，各位不要天真地认为很多事情可以商量。

回答技巧

要记得，几乎所有的情景类问题都非常灵活，即存在不确定性。这种不确定性可能存在于现象出现的原因部分，也可能存在于处理方式部分。所以各位在回答这类问题的时候，不要非常死板或直接给"答案"，一定要认真分析不同的情况及其做法是什么。当然，如果某个情景题并不存在"不确定"的情况的话，各位说明自己的做法即可，还是那句话，别天真地认为自己可以左右处理方式，不然面试官会认为各位很麻烦，或者认为各位是不适合这个岗位的。

参考模板

分情况来看吧，如果是因为自己的工作方式有问题，导致我不得不加班加点才可以完成工作的话，我会接受加班，尽量按时并保质保量地完成自己的工作，另外，我会反思自己的工作方式是否不妥，尽早改正，以免之后耽误团队进度。如果是一段时间内工作量的确很大，必须要加班加点才可以完成的话，我愿意和团队一起按时完成工作。所以整体上来说，我是接受加班的，毕竟现在大部分工作都是需要加班的，而加班也是一个快速学习的机会。

问题1延伸 | 你对出差的看法是怎样的？

　　问题类别：介绍类
　　问法：直截了当问法

问题分析与回答技巧

把这个问题延展开来的话，就变成了：你应该知道我们这个工作是需要出差的，你怎么看这个事情？面试官在问这个问题的时候，并不是真的在询问各位的意见：你接受出差吗？不接受的话我们看看怎么协调。原因和问题1是一样的。当然，与加班不一样的是，出差一定层面是审计这份工作的性质决定，基本跟各位自身没啥关系，所以不需要各位分情况讨论。但无论如何，还是需要"有情商"地回答才是，用简单的口水话来形容这个问题的突破点的话，就是：我知道你们要出差，如果我无法接受的话，根本就不会来投简历。

问题2 | 如果你自己有很多事情，但是同事让你帮助他，你该怎么办？

　　问题类别：介绍类
　　问法：直截了当问法

问题分析与回答技巧

不论话题怎么变，请记得大多数情景类问题是要分情况讨论的。各位千万不要觉得，所有的情景题都有标准的正确答案，其实是没有"正确答案"

这一说的，只有"更适合的答案"。就这个问题来说，各位可以把情况细分为：（1）两人的工作都非常重要且紧急；（2）两人的工作同样重要，但对方的工作更紧急。那么，站在"以团队为核心"的人设上，各位在不同的情况下做的事情应该是：（1）告诉对方我也有很重要的工作要做，答应在自己做完之后就去帮助他，如果完不成任务会造成不良后果的话，会建议对方先跟领导沟通一下；（2）先确定是否可以在帮助他之后按时完成自己的工作，如果可以的话就先帮助他完成，再按时完成自己的工作。对于这类问题，各位无须分 10 种情况说明，因为那样太啰唆了，选 2—3 个有代表性的情况说明就好。

此类问题与加班问题的逻辑一样，故模板部分不做过多赘述。

问题 2 延伸 | **如果有两个经理同时要你做事情，你怎么办？**

问题类别：介绍类

问法：直截了当问法

问题分析与回答技巧

这是"四大"经理比较喜欢问的问题，当然，并不是说所有经理都会问这个问题，但确实在经理面试中多次出现过这个问题。遇到这类问题，各位还是分情况来说：（1）在有限的时间里可以完成两个任务；（2）无法在有限的时间里同时完成两个任务，这时候可以假设很极端的情况，比如都需要在半小时内完成。不同情况下各位的处理方式：（1）都接下来，并且按时按质完成；（2）让两位经理知道这个情况，让他们来决定先完成哪个任务。毕竟各位只是一个初级员工，很多事情的重要性、话语权各位说了不算，所以有些情况要询问上级，毕竟真的出了什么事情的话，各位是负不了责的。

问题 3 | **如果你的上级非常严苛，你该怎么办？**

问题类别：介绍类

问法：直截了当问法

问题分析与回答技巧

不论话题怎么变，记得大多数情景类问题是要分情况讨论的。比如，针对这个问题，各位可以把情况分为：(1) 自己的交付质量不好，导致上级比较严厉；(2) 上级个人的性格问题。相应的处理方式可以是：(1) 通过对方的反馈进一步了解任务的交付要求，并且在之后作出改正，更高的要求也是对自己的一种鞭策和监督，总的来说是个好事；(2) 会试着用不同的方式和上级相处，因为作为审计人员，在工作中肯定会遇到不同性格的客户、同事、第三方，所以学会和不同的人相处本身也是一种能力。

此类问题与加班问题的逻辑一样，故模板部分不做过多赘述。

问题4 | 当你与别人意见不一致的时候，你会怎么做？

　　问题类别：介绍类
　　问法：直截了当问法

问题分析与回答技巧

这个情景不适合分情况来说，因为各位很难分出"他是对的，我是错的""我们都是对的"几种不同的情况，意见不一致的根本原因在于：都觉得自己是对的。所以，对于这种情况，各位可以分阶段来说：先沟通讨论，实在无果的话，就请教上级。万能的上级，永远都是"工具人"。

此类问题与加班问题的逻辑一样，故模板部分不做过多赘述。

问题5 | 当发现自己的工作无法在期限内完成，你会怎么办？

　　问题类别：介绍类
　　问法：直截了当问法

问题分析与回答技巧

这个情景不适合分情况来说，因为不论原因是什么，各位都面临着"事情做不完"这个难题。所以，还是搬出"最好的"上级，可以这样回答：如果加班加点也无法在期限内完成工作的话，我会先跟上级沟通，这样至少可以提前做好准备，不至于耽误整体进度。当然，在今后的工作中，我会注意工作时间和工作方式，以免再出现类似情况。

此类问题与加班问题的逻辑一样，故模板部分不做过多赘述。

问题 6 | 你家里有急事，但还有很多工作没做完，你会怎么办？

问题类别：介绍类

问法：直截了当问法

问题分析与回答技巧

这个问题可以分情况说明：（1）家里的事情更紧急；（2）工作更紧急；（3）家里的事和工作的事一样紧急。相应的处理方法：（1）跟上级沟通，看是否可以安排人替代自己，如果可以的话就先干家里的事，如果不行的话就先完成工作，毕竟完成工作是自己的义务；（2）先跟家里说明情况，完成工作之后再处理家里的事。

此类问题与加班问题的逻辑一样，故模板部分不做过多赘述。

问题 7 | 如果遇到上级舞弊的时候，你会怎么办？

问题类别：介绍类

问法：直截了当问法

问题分析与回答技巧

这个问题产生的根本原因是非常"微妙"的，这里就不多提了。如果各位被问到这个问题，可以这样回答：审计是一个非常专业的工作，任何一次舞弊行为都可能给公司造成极大的损失。所以在确定这是一次舞弊事件的情况下，会先跟上级沟通，希望对方能专业地处理；如果上级视而不见，且继续舞弊的话，则会上报给公司的相关部门处理。

此类问题与加班问题的逻辑一样，故模板部分不做过多赘述。

6. 反问环节

在反问环节里，各位最好准备两类问题：第一类是有关工作逻辑、工作环境、工作发展等方面的，可能在经理面试时用到；第二类是关于行业发展、公司发展等方面的，可能在合伙人面试时用到。具体来说，后者比前者更宏观一些，这很符合两类面试官的特色。因为在公司里，经理是负责带项目的，而合伙人是负责整体项目质量把控和公司发展的，故他们针对不同的问题有更深刻的体会。当然，各位在问问题的时候，最好先简要说明一下原因，这样会显得更有诚意，不要直接抛出问题让对方回答。

各位最好问关于自己、公司、行业等方面的问题，而非关于对方的问题，比如"您能跟我分享一下自己最深刻的经历吗？""您当时选择××的原因是什么？"有的面试官会觉得无所谓，很乐于跟各位分享，但有的面试官则会比较反感，觉得：是你在面试我呢，还是我在面试你？不论哪一种面试官都是可以理解的，但为了避免踩雷，各位最好不要问这个"有被讨厌的风险"的问题。

最后，各位问 1—2 个问题即可，不要问太多，因为一般情况下对方会认真回答各位的问题，问太多的话既耽误时间，又磨人心智，他们已经很累了，放过彼此吧。好了，给各位举几个例子，但希望不要照搬例子，去问一些自己真正感兴趣的问题吧，别浪费了宝贵的提问机会。

（1）对经理的提问

①是这样的，因为我最近在考 CPA，如果今年有幸能全科通过的话，也算是把这个考试考完了。所以想请教一下您，在考完 CPA 之后，还有什么可以尝试的资格证书吗？

②如果我有幸拿到 offer 的话，入职时间大概是在明年 10 月，在入职之前，我会有大半年的空闲时间。所以想请教一下您，在这大半年时间里，除了 CPA 之外，我还有其他什么需要提前准备的吗？

③有个事情其实我一直挺好奇的，想要请教一下您。对于存货和固定资产的审计来说，定时盘点是个很重要的事情，但如果遇到疫情等情况，审计

人员可能无法到现场进行盘点工作。在这种情况下，我们如何去执行这个程序呢？

（2）对合伙人的提问

①最近"数字化"是个非常热门的话题，所以我想了解一下，目前咱们审计有用到数字化吗，到什么程度了？

②我最近看了一些关于会计师事务所的报告，发现现在立信等内资所的业务量在逐年增加。那么请问一下，在内资所打价格战的情况下，××怎么才能保证自己审计部门的市场优势呢？

③是这样的，我最近看了很多关于AI的报告，都说未来AI可以帮助公司完成很多不同的工作。所以想请教一下您，在科技飞速发展的情况下，我们审计人员应该尤其注意哪些方面的提升，才不至于在未来被机器替代呢？

9.6 从"开不了口"到"自由沟通"

笔者用5个字描述这个看似复杂、实则也不简单的过程：明、写、背、说、看。

1. 明

明白对方的要求是什么，明白自己有哪些筹码（证书、成绩、实习等），明白如何将岗位要求和筹码联系起来（增加说服力），明白单面是个销售自己的过程。既然是销售自己，就要学会投其所好、适当包装、主动积极，让对方看到自己的态度和实力。最后，很重要的一点：各位要相信自己是够格的，如果自己都不相信自己，是很难说服其他人的。

2. 写

各位如果真的想在单面中做到"刀枪不入"的话，就老老实实把上面的问题都写一遍。除非各位属于那种只需要知道"要说哪个故事"，就可以现场Freestyle（即兴说唱）出完美回答的人，否则还是认真构建自己的问题库吧。

3. 背

在写完问题库之后，各位可以尝试着回忆一下每个回答的内容，比如在看到"说一个有领导力的例子"的时候，各位是否可以立马联想到自己要讲的故事是哪一个，怎么描述故事过程。

4. 说

只记得内容是不够的，面试是要"说话"的。各位一定要多练习才可以做到把"写好背好"的内容说得像现场 Freestyle 那样，要注意分点介绍，过渡时候的适当停顿，做到完整、有逻辑、有故事、听感好。另外，在每次练习的时候，各位可以录音，自己听一下问题在哪里，再结合其他人的反馈慢慢调整。

5. 看

面试的时候有个很重要的事情：看着面试官的眼睛说话。这代表着尊重、自信、真实。如果不这样做的话，面试官会认为各位是不自信的，为什么不自信呢？可能是性格原因，也可能是在说谎，所以这是个值得注意的事情。